大逆の僧 高木顕明の真実

真宗僧侶と大逆事件

大東仁
Daito Satoshi

風媒社

左から崎久保誓一、大石誠之助、髙木顕明、峯尾節堂、新村忠雄、玉置真吉

大逆の僧　高木顕明の真実

―真宗僧侶と大逆事件―

◎

目次

はじめに　大逆事件の真宗僧侶　7

第一章　名古屋時代の顕明　15
僧侶となる　15／小教校生徒　17／「一殺多生」と部落差別　20
寺院での仕事　24／日蓮宗への傾倒　27／活動再会　29
顕明の天皇観・部落差別観　31

第二章　浄泉寺門徒と社会主義者との出会い　36
新宮・浄泉寺へ入寺　36／浄泉寺沿革　38／住職予定者の活躍　41
住職就任　42／浄泉寺門徒　44／地域との交流　47
大石誠之助　49／沖野岩三郎　49／顕明と句会　51
部落差別との出会い　54／「戦争布教」　59／新宮仏教会の戦争協力　63
『余カ社會主義』の執筆　65／『余カ社會主義』の構成　68

反戦　71／反差別　74／「開戦論の証文」　76
与謝野晶子　78／募財拒否　82／虚心会　87
廃娼　91／浄泉寺談話会　97／三人の社会主義者　101
親鸞聖人御遠忌　102／浄泉寺後継者　104／名聞を好む　105
「社会主義伝導」の事実　108／六五〇回忌募財　110
社会主義者からの影響　114／信仰生活の確立　116

第三章　顕明と大逆事件

大逆事件のはじまり　118／拡大される大逆事件　119／新宮グループ　122
家宅捜査　123／大逆事件証人　126／証人から大逆事件犯人へ　お気楽一人旅　131
証人尋問　133／弱虫顕明　135／予審判事の狙い　139／新村忠雄との関係　140
「直接行動」　142／大逆事件被告人　145／第二回調書　150
大谷派による弾圧（一）　152／大谷派による調査　154／藤林調査　156
二人の証言　159／顕明の抵抗　160／監獄教誨師　163／面会・差入れ　172
予審終結　178／裁判　179／判決　181／減刑　185
無期懲役の受け止め　189／大谷派による弾圧（二）　191／秋田監獄　195

秋田監獄教誨師　199／孤独　201／面会　202
顕明の家族　206／顕明の死　208
未完成の顕明　215／完成の可能性　216

資料編　220

おわりに　247

はじめに　大逆事件の真宗僧侶

差別に反対する

「貧者は獣類視されている」(1) これは高木顕明《たかぎけんみょう》の怒りです。貧しい者を人間視しない富者への怒りです。

高木顕明は、和歌山県新宮《しんぐう》の真宗大谷派浄泉寺《じょうせんじ》の住職でした。このお寺の門徒《もんと》（いわゆる檀家のこと）には、被差別部落の人たちもいました。明治の時代、彼らはひどい差別を受け続けていました。顕明はその事実に大きな悲しみと怒りをもったのです。

しかし、顕明の気持ちの中にも人を差別する気持ちがありました。差別をする社会に対する顕明の怒りは、自分自身にも向けられます。社会への怒りと自分への怒り。これらの怒りは顕明を少しずつ変えていきます。世間によくいる「差別する僧侶」から「差別しない僧侶」へと。そしてたどり着くことはできませんでしたが、顕明は「平等の僧侶」へと歩みを進めていたのです。

（1）高木顕明『余カ社會主義』大逆事件記録刊行会『大逆事件記録　第二巻　証拠物写』世界文庫一九六四（昭和三九）年五月三〇日

戦争に反対する

「戦争は極楽の分人《ぶんじん》の為すことではない」(1)これも顕明の怒りです。日露戦争に対する怒りです。

「極楽の分人」とは、極楽（浄土）を求める者という意味です。つまり、戦争は仏教徒（浄土真宗門徒）の行うことではない、という意味になります。「極楽の分人」であるはずの真宗大谷派、否、すべての仏教教団が日露戦争に協力している事実を厳しく批判しているのです。日清戦争当時、顕明は「天皇陛下万歳」(2)を叫ぶ僧侶でした。しかしその一〇年後、天皇による宣戦布告から始まった戦争を否定しているのです。顕明は、真宗大谷派という組織の一員として戦争協力をすることを拒否したのです。あくまで、浄土真宗の教えを受ける一僧侶として戦争に反対し、戦争協力する僧侶たちを批判したのです。顕明は「平和の僧侶」へと歩みを進めていたのです。

（1）前掲『余カ社會主義』
（2）高木顕明『日蓮宗非佛教』法蔵館　一八九四（明治二七）年八月二四日

大逆事件とは

大逆罪とは、天皇やその親族に危害を与えた時の罪名です。その罰は死刑だけでした。しかも既遂と未遂での刑の違いはありませんでした。つまり、危害を加えていなくても死刑になる罪状でした。天皇は特別な存在で、一般の殺人罪や傷害罪ではすまされなかったのです。もちろん、現在の刑法では廃止されていますが、「天皇、太皇太后、皇太后、皇后、皇太子又ハ皇太孫ニ対シ危害ヲ加ヘ又ハ加ヘントシタル者ハ死刑ニ処ス」というのが、その条文でした。同じ人間であるにもかかわらず、命に差別があったのです。

一九一〇（明治四三）年、社会主義者ら二六名が大逆罪で逮捕されました。大逆事件といいます。主犯を疑われたのは、社会主義者幸徳秋水《こうとくしゅうすい》（伝次郎《でんじろう》）でした。だから「幸徳事件」とも呼ばれています。取り調べられた者は、全国で数百名にも上りました。

この大逆事件は、三つの犯罪を合わせたものとされました。ひとつは「明科《あかしな》事件」、ひとつは「一一月謀議」、そして「皇太子暗殺計画」というものです。では、事実はどうだったのでしょうか。

明科事件

まず「明科事件」。これは天皇暗殺のための爆弾製造と爆破実験、そして「暗殺計画」を指しています。爆弾製造と実験が、長野県明科で行われたことから、「明科事件」と呼ばれています。

当時明科にいた、社会主義者宮下太吉《みやしたたきち》は爆弾を製造し、爆破実験も成功させました。この後、宮下たちが仲間の社会主義者たちと天皇暗殺を話題にするのです。この仲間は、管野《かんの》スガ・宮下太吉・新村忠雄《にいむらただお》・古河力作《ふるかわりきさく》の四人です。そして彼等が天皇暗殺を話題にしていることを幸徳秋水も知っていたのです。これが事実としての「大逆事件」のすべてでした。

一一月謀議

続いて「一一月謀議」について見てみましょう。「一一月謀議」とは、一九〇八（明治四一）年一一月、幸徳秋水を中心にして天皇暗殺計画が謀議された、というものです。「決死ノ士」を集め、金持ちから富を奪い、貧民を助ける。官公庁を焼き役人や政治家を殺し、天皇を殺す。こんな計画を立てていたというのです。謀議の場所は東京巣鴨の「平民社」とされました。

この「一一月謀議」に参加したのは、和歌山県新宮から上京中の大石誠之助《おおいしせいのすけ》。熊本から上京した松尾卯一太《まつおういちた》。「平民社」の近くに住んでいた森近運平《もりちかうんぺい》でした。

この「一一月謀議」は、まったく架空の事件です。もちろん、これらの人々が「平民社」の幸徳秋水を訪問したことは事実です。しかし、そこで天皇暗殺が計画された事実はありませんでした。

松尾は熊本に帰ると、新美卯一郎《にいみういちろう》・佐々木道元《ささきどうげん》・飛松與次郎《とびまつよじろう》に会い、「計画」の同意を得たことにされてしまいます。

一方、大石は新宮へ帰る前、大阪に立ち寄ります。そこで武田九平《たけだきゅうへい》・岡本頴一郎《おかもとえいいちろう》・三浦安太郎《みうらやすたろう》らの友人たちと面会します。そこで彼らも大石たちの計画に賛同したことにされてしまいます。そして新宮へ帰郷後に面会した、成石平四郎《なるいしへいしろう》・峯尾節堂《みねおせつどう》・崎久保誓一《さきくぼせいいち》・成石勘三郎《なるいしかんざぶろう》、そしてこの本の主人公、高木顕明も計画に同意したことにされてしまうのです。友だちの友だちはみんな犯人だ。これは冗談で言うのではありません。大逆事件の犯人たちは、このようにしてデッチアゲられていくのです。事件はこのように拡大されていったのです。

皇太子暗殺計画

最後にもう一つの「事件」がありました。それは一九〇九（明治四二）年五月、神戸で内山愚童が皇太子暗殺を提案し、岡林寅松《おかばやしとらまつ》・小松丑治《こまつうしじ》が同意したというものでした。社会主義者が会合すると、「暗殺計画」があったことにされていったのです。これも事実無根の事件です。

そして三つの「事件」に直接かかわっていない坂本清馬《さかもとせいま》・奥宮建之《おくのみやけんし》も、幸徳秋水との接点があったため、犯人にされていったのです。

ここに登場した二四名。彼ら全員が大逆犯とされ、一二名が死刑執行。残り一二名が無期懲役に処せられたのです。

（1）他に爆発物取締罰則違反として、新田融《にったとおる》が懲役一一年。新村忠雄の兄善兵衛《ぜんべえ》が懲役八年となっている。

死刑囚

真宗大谷派僧侶高木顕明。彼は大逆事件で死刑判決を受けた人物です。翌日、恩赦で無期懲役に減刑されますが、それでも犯罪者とされてしまったことは間違いありません。

顕明の犯罪は「大逆罪」です。二四名が死刑判決。そのうち一二名が実際に死刑を執行されました。顕明は残り一二名の一員でした。

顕明は秋田監獄へ送られます。そこで縊死《いし》するのです。仏教では「愛別離苦《あいべつりく》」を教えます。愛する者と別離する苦しみという意味です。顕明は家族と一緒にいたかったのです。彼はその苦しみに耐えることができませんでした。

この本は、こんな僧侶の一生を書いたものです。

浄土真宗僧侶

明治時代の顕明。大日本帝国国民である彼は、国の教えに従わなければならないはずでした。

真宗大谷派の僧侶である顕明。彼は大谷派という組織の教えにも従わなければならないはずでした。しかし彼は、どちらの教えも無視したのです。国の教えでもなく、大谷派の教えでもない。浄土真宗という仏さまの教えに従おうとした人でした。

顕明の人生は、現在の私を悩ませるものです。私は国の教え、組織の教え、世間の教えに生きています。これらの教えに従うことで安定した生活をおくっているのです。

しかし、どこかに「平和」や「平等」を求める気持ちがあるとも思っています。私も少しだけ浄土真宗の僧侶を気取って、この本を書き進めていくことにしましょう。

参考
神崎清『革命伝説　大逆事件　①黒い謀略の渦』二〇一〇年六月三〇日　子どもの未来社
『革命伝説　大逆事件　②密造された爆裂弾』二〇一〇年七月二〇日　子どもの未来社
『革命伝説　大逆事件　③この暗黒裁判』二〇一〇年一〇月一六日　子どもの未来社
『革命伝説　大逆事件　④十二個の棺桶』二〇一〇年一二月一三日　子どもの未来社

第一章　名古屋時代の顕明

僧侶となる

高木顕明は、一八六四年六月二四日（元治元年五月二一日）に愛知県西春日井郡《にしかすがい》下小田井村《しもおたい》一一〇五番戸に生まれました。両親は山田佐吉・カト、長女テイ、長男七五郎、次男縫三郎。そして三男妻三郎が後の顕明です(1)。顕明というのは法名、つまり僧侶としての名前で、後になって戸籍上でも改名したのです。顕明自身は、出生地を「愛知県西春日井郡西枇杷島《びわじま》町字二ツ杁」と答えており、両親は商人でした(2)。

顕明は、「一四五歳ノ頃」小学校の「助教」という無資格の学校教員をしていた、と職歴を語っています(3)。山田家の家業は長男が継ぎ、次男は水谷家の養子となっています。顕明は家業を継ぐのではなく、自ら職業を選択しなければなりませんでした。

顕明の勤めた小学校については、この時期の愛知県小学校史料が現存せず不明です。あくまで推測ではありますが、西枇杷島町二ツ杁には「二松学校（現　西枇杷島小学校）」がありました。通勤の距離を考えれば、この学校が一番可能性があると考えられます。

顕明の助教時代は一年でした。顕明が一四・五歳というのは、一八七八（明治一一）年から一八七九（明治一二）年のことです。一八八〇（明治一三）年には、僧侶の勉強をするため、尾張小教校に入学しているから間違いはありません。教員時代に、僧侶を志す転機が訪れたのでしょう。父親は熱心な門徒（真宗大谷派の信者）だったといいます。父親の勧めがあったのかもしれません。

また尾張地方には、一族の中から僧侶を輩出すると一族が栄える、という言い伝えもあったようです。一宮市の浄土宗庚申寺前住職、善応尼は、「一家の子女を尼僧にすると一族七代まで救われる」(4)との言い伝えから得度《とくど》（僧侶になること）したということです。このような言い伝えの影響があったのかもしれません。

もちろん、教員資格を取って学校教師を続ける道もあったはずです。しかし生活費と学費が問題となったのではないでしょうか。経済的な心配がなく、「知識人」と評価される立場になること。「指導者的な立場」に立てる仕事。それが僧侶への道だった、ということかもしれません。これはあくまで想像です。しかし、後の顕明の行動には、「知識人」「指導的な立場」へのあこがれが強くありました。

（1）伊串英治「高木顕明の名古屋時代」大逆事件の真相を明らかにする会編著『大逆事件の真実を明ら

かにする会ニュース』第一三号　一九六六（昭和四一）年六月二三日　大逆事件の真相を明らかにする会編著『大逆事件の真実を明らかにする会ニュース　第一号―第四八号』二〇一〇（平成二二）年四月一二日

（2）「第一回予審調書」　大逆事件の真実を明らかにする会『大逆事件訴訟記録・証拠物写　第五巻』　近代日本史料研究会　一九六二（昭和三七）年三月一五日

（3）「証人高木顕明訊問調書」　大逆事件の真実を明らかにする会　前掲『大逆事件訴訟記録・証拠物写第五巻』　一九六〇（昭和三五）年九月二五日

（4）一宮市庚申寺『善応老法尼　葬儀式文』

小教校生徒

顕明が「大谷派教師」資格を取得したのは尾張小教校（現・名古屋大谷高等学校）です。真宗大谷派名古屋別院（東別院）境内にあった学校でした。「教師」とは、簡単にいえば住職になることができる、という資格です。得度して僧侶となっただけでは、住職になれなかったのです。

「教師」は当初、「教導」という資格でした。これは国家が認定する資格です。つまり、国家が認めた僧侶でなければ、住職になれなかったのです。顕明は、国に都合の悪い考えや行動をしない僧侶となるために小教校に入学したことになります。この制度は一八八四（明治一七）年八月二〇日に廃止されます。しかし大谷派は「教導」を「教師」と名称を改めて、この教育制度を存続していくのです。現在でも「教師」資格は存在しています。

顕明が得度した年月日は不明です。しかし、小教校は、「一派僧侶幼年ヨリ入校就学セシメン為ニ設立」されたもので、「末徒一般得度済ノ者ハ必ス入校授業スヘシ」と定められていました(1)。この規定から、顕明が入校以前に得度していたことがわかります。顕明の入校は一八八〇(明治一三)年五月一〇日。肩書きには、「尾張国名古屋区新道町法蔵寺衆徒《ほうぞうじしゅと》」と記されています(2)。法蔵寺は、山田家の檀那寺でした。

この頃の小教校は六級制でした。半年の授業課程を受け、試験に合格することで六級から一級まで順に進級するという、最短で三年間の課程でした。また寄留制度のある学校でした。通学生は昼食のみ学校から支給されましたが、寄留生は「費用ハ一日五銭ノ見込ヲ以テ支給ス」(3)とされており、学費は無償。生活費も学校が保障していました。恐らく顕明はこの寄留制度を利用したと考えられます。

顕明の卒業については史料が残っていません。しかし、のち住職となっていることから、小教校を卒業し大谷派教師に任命されたことは間違いありません。顕明も学歴を問われた時、「明治十八九年頃名古屋ニ於テ真家《ママ》教校(現今真宗中学トナル)ヲ卒業」(4)と答えています。

顕明の学籍簿には五級合格以後は記録されていません。しかし、『明治十三年五月改調　黄科學　卒業録』には六八名の氏名が記録されていますが、このうち卒業一名、退学者一名、転校一名、未入学一名を除くと、他の六四名の卒業の記録も存在していないのです。顕明が二年しか在学していないのなら、他の六四名の生徒も卒業していないことになってしまいます。つ

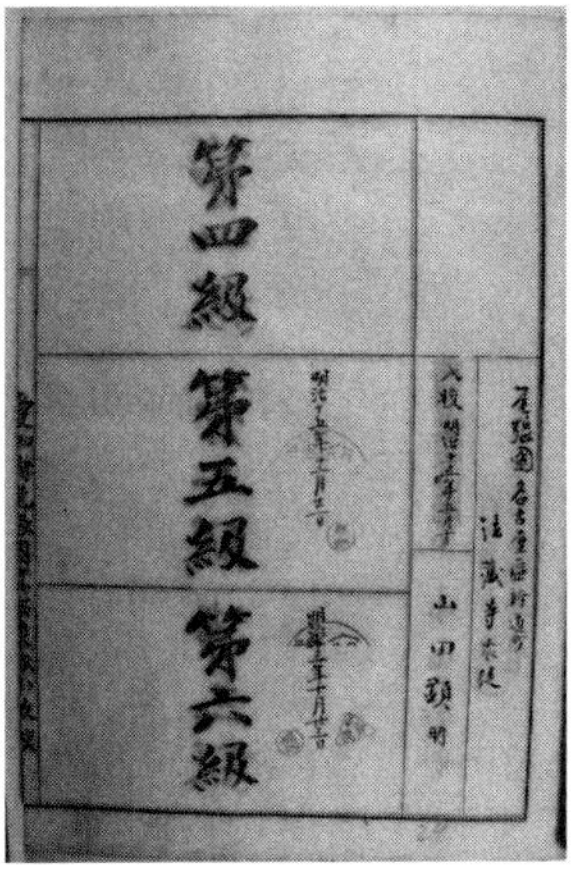

顕明の名前がある学籍簿。『黄科学　卒業録』名古屋大谷高校蔵

まり、この『卒業録』は途中で使用されなくなり、新規の卒業録が整えられたが、それが現存していないということになります。よって一八八三（明治一六）年九月から一八八六（明治一九）年九月六日まで、卒業生全員の記録が残されていない理由がわかります。

　新規の学籍簿が作られたのは、一八八三（明治一六）年九月一九日に「地方教校規則」が一部改定され、「尾張小教校」が「尾張教校」に改変されたことが理由です。この時、「尾張小教校」に在学中の者はそのまま「尾張教校」に移され、「尾張教校」の授業を受けることで、「尾張小教校」の卒業資格を得ることができたのです。つまり初期の「尾張教校」には、小教校から移った学生の『卒業録』と「尾張教校」入学者の『明治十七年七月　改正卒業録』の二種類の学籍簿が存在していたはずです。

　顕明は「尾張小教校」で二級分、つまり「尾張教校」の課程の一年分の単位を取得していました。小教校では残り四級分の資格が必要で、これは最短でも二年間の課程です。

　地方教校は三年間の教育課程となっていました。よって顕明の五級合格が一八八二（明治一五）年一二月二一日。これに残り二年間の課程を足すと、「明治十八九年の卒業」という顕明の証言に符合するのです。

（1）一八七九（明治一二）年九月一一日「小教校条規」『「宗報」等機関誌復刻版　配紙（一）』真宗大谷派宗務所出版部　一九八九（平成元）年四月六日

（2）尾張小教校『明治十三年五月改調　黄科學　卒業録』名古屋大谷高等学校　蔵

（3）一八七九（明治一二）年九月一一日「小教校条規」前掲『「宗報」等機関誌復刻版　配紙（一）』

（4）前掲「第一回予審調書」

「一殺多生《いっせつたしょう》」と部落差別

ここで少し顕明の話から、大谷派の話へと移します。各地の大谷派小教校では、大谷派が設定した課程で授業が行われていました。その課程についての史料はありますが、実際にどのような授業が行われていたかを示す史料はありません。しかしこの原稿は後に反戦・反差別の姿勢を堅持した顕明についての評伝です。顕明を教育していた大谷派の戦争に対する姿勢、部落差別に対する姿勢だけでも確認しておく必要があると思います。

まず大谷派の戦争に対する姿勢です。これは、顕明が尾張小教校に在学していた時期の大谷派の戦争に対する認識です。

大谷派本山から発行されていた機関誌に、『開導新聞』がありました。一八八三（明治一六）年三月二九日号、四月一日号に本多良慧「佛教ト社會ノ関係」が連載されました。そこに、戦争での殺人についての記述があります。

佛教ニ於テハ兵ハ凶器ニシテ生物ヲ殺戮スルハ嚴禁スル所ナリト又謂ク宗教ハ人心ヲ柔弱ナラシムルモノニシテ國家ノ害物ナリト憶是何ノ言ソヤ看ヨ彼大塔宮楠正成ノ如キ常ニ佛教ヲ信スル人ナリ一朝事アレハ正義ノ為軍ヲ率ヒテ敵ヲ襲フ其旗幟ニ佛号ヲ書スル等ノ事迹ハ其身ノ安立ナシテ一軍ノ調和ヲ圖ル所以ナリ況ヤ一殺多生ハ佛ノ遮スル所ニ非シテ愛國ノ公義公徳ナリ身ヲ殺シテ仁ヲナスハ教化ノ効績ト云フヘシ（1）

仏教は「不殺生」を説きます。この教えは、どう考えても戦争と矛盾する教えです。そこで登場させたのが「一殺多生」という言葉です。「一殺多生」は、仏様が遮るものではなく、国を愛するものの正義であり、道徳である、と大谷派は主張したのでした。「これはこの文を書いた本多良慧一個人の見解である」という言い訳も可能でしょう。しかし、大谷派の機関誌に掲載されている以上、大谷派公認の見解だということになります。

現在大谷派では（大谷派以外の宗派でも同様でしょうが）、「戦時教学」・「戦時布教」という言葉を使っています。戦争に対する姿勢が間違っていたのは、「戦争中のこと」と限定して認識しているということです。残念ながら、この用語は非科学的なもの、つまり完全な間違いということは明らかです。この「一殺多生」の主張は、現在の大谷派の言い訳も否定する史料だといえます。当時まだ戦争中でないのに主張されているからです。この問題は、「戦争教学」・

「戦争布教」として認識しなければなりません。

次は、大谷派の部落差別に対する姿勢を見てみましょう。これは一八八一（明治一四）年七月、滋賀県下大谷派に所属する被差別部落寺院と本山との間に起こった事件です。顕明が尾張小教校に在学していた時のことです。

滋賀県下の被差別部落寺院の住職・門徒は、住職の階級を上げることを本山に願い出ることを決めました。僧侶の階級のことを、大谷派では「堂班《どうはん》」といいます。一八八一（明治一四）年当時の制度では、下から「外陣列座《げじんれつざ》」・「脇ノ間《わきのま》」・「余ノ間《よのま》」・「内陣列座《ないじんれつざ》」・「内陣本座《ないじんほんざ》」・「内陣上座《ないじんじょうざ》」の六階級と定められていました。このうち「内陣上座」は「連枝《れんし》」（大谷派「法主」の一族。国にたとえるなら皇族ということ）のみに与えられるもので、実質には五階級ということになります(2)。これは法要の際、本堂内の着座する場所を表しています。

この住職の「堂班」は、最下位の「外陣列座」でした。住職や門徒は、これを一つ上げ「脇ノ間」にしようと計画します。ところがこれではまだ足りないということになり、「余ノ間」でも足りず、もう一段上の「内陣列座」にしようと決定しました。

この決定を本山に伝えると、上納金四五〇円が必要と連絡がきました。即金で二〇〇円、残り二五〇円は一〇年間の年賦となったのです。このお寺は一八八一（明治一四）七月六日に手続きを終えました。もちろん二〇〇円も納めたのです。

ところが二カ月後、この申請は本山から却下されました。被差別部落寺院住職であるから

「内陣」にするわけにはいかない、というのが理由でした。だから「余ノ間」までは許可としたのです。当然、門徒たちは激怒します。そこで本山に歎願書を提出しました。

本山ノ役員ヨリ新古ノ差別之アラバ　王法為本(3)ノ規則ニ洩レ　且ツ又　新平(4)ノ浄土ハ違ヒ候ヤ　御下付ノ御尊モ飾リニ候ヤ

（本山の役員に新旧の時代の差別があるならば、私たちは、世の中の規則を最も大切にする大谷派の規則から洩れたことになり、かつまた、私たち差別されている者の浄土は、そうでない人たちの浄土とは違うものだというのですか。お寺に下付された阿弥陀如来の木像はただの飾り物ですか）

という厳しい内容のものでした。

すると本山は、残金二五〇〇円の内一〇〇〇円を即金で出すように言ってきます。門徒はすぐに支払いました。ところがやはり、本山は返事を引き延ばします。ここに至って門徒たちは京都西京裁判所に、大谷派「法主」を訴えたのです。もちろん、大谷派本山はあわてて「内陣列座」を許可しました。「一二月二六七日」のことでした。これがこの時代に大谷派が被差別部落の寺院にとった姿勢でした(5)。

顕明が大谷派に教育されていた時代。そこには、後の顕明の「反戦・平和」や「反差別・平等」の芽生えとなるものが存在したとはとても思えません。すでにこの時代、大谷派は戦争を肯定し部落差別も肯定し続けていたのです。顕明は、戦争肯定・差別肯定をする僧侶へと育てられていったとしか言えないのです。

（1）本多良慧「佛教と社會の關係」『開導新聞』開導社　一八八三（明治一六）年四月一日

（2）柏原祐泉『近代大谷派の教団　明治以降宗政史』真宗大谷派宗務所出版部　一九八六（昭和六一）年七月一日　参照

（3）近代では、「王法」とは「国家の法」という意味に使われた。

（4）「新平民」の略。江戸時代の「士農工商」という身分制度は一八六九（明治二）年に廃止され、「農工商」の者は「平民」とされた。しかし、「穢多・非人」の称は、一八七一（明治五）年一〇月一二日の廃止。つまり「新しく平民になった」として「新平民」という蔑称が遣われた。差別用語。

（5）「仏教と部落」滋賀県部落史研究会編『復刻　滋賀の部落　下冊』滋賀県同和問題研究所　一九九八（平成一〇）年一二月五日

寺院での仕事

伊串英治氏の研究によれば、顕明は真宗大谷派名古屋教区（真宗大谷派は、全国を二〇の教区に分割している。名古屋教区は愛知県尾張地方の範囲）の「法蔵寺から西春日井郡の西方寺《さいほうじ》、道仁寺《どうにんじ》、長善寺《ちょうぜんじ》などを転々」としたといいます。しかしその時期は記載されず、また根拠も示されていません。

まず法藏寺について。この寺については、「衆徒」（その寺に所属する僧侶のこと）となっていることから確実です。得度は遅くとも一八八〇（明治一三）年五月一〇日以前。その後一八八八（明治二一）年五月五日に道仁寺衆徒となるまでの期間は所属していたはずです。おそらくお寺の仕事も手伝っていたと思われます[1]。

なお、最新の研究では、一八八八（明治二一）年五月五日に、道仁寺で得度をしたとしています。法藏寺衆徒として尾張小教校に入学し、卒業して「大谷派教師」を取得した顕明が、なぜ再び得度するということになるのでしょうか。いったん還俗《げんぞく》したということなのでしょうか。しかし、そうであるならば「大谷派教師」の資格が消失してしまいます。矛盾する史料が存在しているようです[2]。

道仁寺は、顕明の自宅の近在の寺、ということに加え、住職の長男である義答《ぎとう》と尾張小教校でともに学んでいるという関係にあります。おそらく親しかったのでしょう。顕明が新宮浄泉寺に移る一八九七（明治三〇）年までは在籍していたと考えられます。

西方寺については確実な史料がありました。「高木顕明ハ同所西方寺（住職ハ勉強ノ為メ上京ニ付キ留守居ヲ為ス）住職トナリ居レリ」[3]とあります。時期は不明ながら西方寺で住職の留守を守っていたことがはっきりします。

また顕明は、尾張教校卒業直後の一八八七（明治二〇）年頃には、名古屋教区養源寺住職神《か》守空観《もりくうかん》の私塾に入っていました。真宗の伝統教学（江戸教学）を学んでいたのです。ここで学問を学び続けていたということですが、顕明の「養源寺ノ書生トナリ」(4)という証言があります。この年三月の春安居に神守は講師として京都本山に出張しており、短期間かもしれませんが、顕明は養源寺の仕事も手伝っていたという可能性もあります。しかしこの寺も、一八八九(明治二二)年二月一八日に神守が死亡したことで関係が切れたと考えられます。

残念ながら、長善寺については全く顕明との関係を見つけ出すことはできませんでした。法藏寺・西方寺・道仁寺の近所にある寺、という程度のことしか言えません。

さて、ここで考えたいのは、顕明の尾張小教校時代の空白期、一八八〇(明治一三)年一〇月末から一八八二(明治一五)年の六月頃までの一年半の期間についてです。前述の通り顕明の入校は一八八〇(明治一三)年五月一〇日です。六級の課程に合格したのが同年一〇月二三日、五級合格は一八八二(明治一五)年一二月二一日となっています。この半年前には五級課程の授業を受けていたはずです。ということは、一八八〇(明治一三)年一〇月末から一八八二(明治一五)年の六月頃までの一年半の期間が空白となっているのです。(5)

この期間、小教校を休学して寺院での仕事に従事していたのではないでしょうか。いくら学費と生活費の心配がないとはいえ、多少のお金は必要としていたでしょう。また、顕明は商人の子供、後継者となる寺があるわけではありません。急いで教師資格を取る必要もなかったわけです。

顕明が、お寺の仕事をしていたと考える理由が、もうひとつあります。それは顕明が結婚を控えていたということです。やはり、ある程度のお金が必要で休校していたのではないでしょうか。一八八二（明治一五）年八月二日、顕明は田島きようと結婚しています(6)。ただ、きようの家は寺ではありませんから、そこで僧侶の仕事をすることはできません。勤め先については、根拠となる史料はないのですが、住職が上京していた西方寺が最も可能性があると思っています。

（1）前掲　尾張小教校『『明治十三年五月改調　黄科學　卒業録』
（2）泉恵機「高木顕明に関する研究」大谷大学真宗総合研究所編『大谷大学真宗総合研究所研究紀要第一四号』一九九七（平成七）年三月三一日
（3）福本春松「高木顕明ニ関スル事項内偵ノ義ニ付キ報告」一九一〇（明治四三）年七月五日　大逆事件の真相を明らかにする会『大逆事件訴訟記録・証拠物写　第八巻』近代日本史料研究会　一九六〇（昭和三五）年九月二五日
（4）前掲「証人高木顕明訊問調書」
（5）前掲　尾張小教校『『明治十三年五月改調　黄科學　卒業録』
（6）前掲　伊串英治「高木顕明の名古屋時代」

日蓮宗への傾倒

顕明の名古屋時代には、二つの空白期があります。一つは前述の通り尾張小教校時代の一年半。そして神守空観の死後から道仁寺高木義答の養子となるまでの期間です。

この四年間の空白期については、顕明の煩悶の時期と考えられます。顕明の大切な人が続いて亡くなっているからです。

前述したように、一八八九（明治二二）年二月一八日に神守空観が亡くなります。小教校を卒業した後、顕明に仏教・真宗を教えていた人物です。師匠を亡くしての悲しみが想像できます。

続いて、同年の一一月一八日には、顕明の妻である田島きようが亡くなっています。顕明（山田妻三郎）は、一八八二（明治一五）年八月二日に下小田井村の田島治助の一人娘きようと結婚し、婿養子となり、田島妻三郎となっていたのです。小教校に復学した直後の結婚でした。しかしその結婚生活は六年程度の短いものだったのです。二人の間には子供はいませんでした。顕明は、人生の無常を強く感じたことでしょう。深い悲しみを感じていたに違いありません。

大切な人を続けて亡くした顕明。これは伊串氏の見解なのですが(1)、これらの大きな出来事が、顕明の大谷派僧侶としての信仰に疑問を持たせたのではないでしょうか。

新宮における顕明の友人沖野岩三郎は、「彼は両親の勸めで、僧侶となつたが、親譲りの寺があるではなし、名古屋の某寺で客僧をしてゐるうち、度々信仰に動揺が來て、天主教の説教を聴きに行つたり、日蓮宗の學者である清水某の説を聴いたりした」と書いています(2)。この「信仰の動揺」とは、妻きようと師事した神守空観の死によるものではないでしょうか。キリスト教と日蓮宗への傾倒と学び、これはこの空白の四年間の出来事としか考えられないのです。キリスト教については、まったく不明ですが、日蓮宗清水については、その存在を確認することができました。

名古屋に在住した日蓮宗の学者清水というのは、清水梁山だと考えられます。清水は一八九〇（明治二三）年に日蓮宗機関誌『日宗新報』の編集を辞職(3)しており、その後名古屋に居を構えているのです。顕明がたずねたのは、この清水梁山のことでしょう。

（1）前掲　伊串英治「高木顕明の名古屋時代」
（2）沖野岩三郎「われ患難を見たり（四）」『婦人倶楽部』大日本雄弁会　一九二五（大正一四）年一一月一日
（3）近代日蓮宗年表編纂委員会・日蓮宗現代宗教研究所『近代日蓮宗年表』日蓮宗宗務院　一九八一（昭和五六）年一〇月一三日

活動再会

この時期は日蓮宗に傾倒し、大谷派との関係が危うくなった時代と言えます。しかし顕明と大谷派の関係は途切れることはありませんでした。なにがきっかけとなったかは、わかりません。しかし四年後、再び顕明は大谷派僧侶としての活動にもどっていくのです。

一八九三（明治二六）八月一九日、顕明は田島家を去り、再び「山田妻三郎」となります。

ここに顕明の空白期が終わるのです。この事実について伊串氏は、「戸主の七五郎が二年前に地震で喪くなり、次男の縫三郎は十三年前に同村の水谷てつの養嗣子となつていたので、山田家を相続するものは顕明一人よりなかつたからである」と考えています。兄七五郎は、一八八一（明治二四）年一〇月二四日の濃尾大地震で死亡しています。この分析は妥当なものだと思います(1)。

しかし、妻きようの死から二年も経っていることに違和感も感じます。復籍はもっと早くてもかまわないはずです。悲しみに埋没していた顕明の中で、何かが変わってきたのではないでしょうか。顕明の内面の変化に強い興味をもつところです。

そして「山田妻三郎」に戻って四カ月後、一二月九日、「山田妻三郎」は「山田顕明」と改名します。それまでは僧侶として「顕明」、戸籍上の本名は「妻三郎」としていたのを、戸籍上の本名も顕明にしたということです。これは、大谷派僧侶として生きていく、という顕明の強い意思表示だと思われます。顕明の人生で、大きな大きな節目となる出来事でした。

まだ変化は続きます。三日後の一二月一一日、今度は顕明が籍を置いている道仁寺高木義答の養子となるのです(2)。この日付も、最新の研究によれば一八九四（明治二七）年一月一三日となっています(3)。また、一九一〇（明治四三）年八月一日、新宮町発行の高木顕明の戸籍謄本では、「愛知縣名古屋市下前津町四拾七番地ノ貳戸主平民高木義答弟分家ニ因リ明治四拾年壱月九日戸主ト為ル」(4)とあり、義答の養弟となったと記されています。ここでも矛盾した史料が存在しています。

（1）前掲　伊串英治「高木顕明の名古屋時代」
（2）前掲　伊串英治「高木顕明の名古屋時代」
（3）「高木顕明の事跡に学ぶ学習資料集」編集委員会　大阪教区高木顕明の事跡に学ぶ実行委員会　解放推進本部　編集『高木顕明の事跡に学ぶ学習資料集』真宗大谷派宗務所　二〇一〇（平成二二）年六月一日
（4）前掲　大逆事件の真相を明らかにする会『大逆事件訴訟記録・証拠物写　第五巻』

顕明の天皇観・部落差別観

大谷派僧侶としての活動を再開した顕明は、いったん近づいた日蓮宗への攻撃を始めます。名古屋では、一八九四（明治二七）年六月一一日に、日蓮宗を攻撃する講演会が開かれました。真宗の松下義子による講演でした。そして、そこには日蓮正宗僧侶が聴講しており、激論が交わされたようです。そして同月一七日、今度は公開討論会が開かれました。(1)同年八月二四日、顕明の講演録『日蓮宗非佛教』が発行されます。そこには「我々か先日名古屋市に於て此の日蓮宗非佛教の演説會を試みましたら其のときに対論者あり」(2)とあります。これは六月の講演会のことでしょう。顕明も主催者の一人であったと考えられます。

それでは『日蓮宗非佛教』の内容を見てみたいと思います。そこには二つの大きな特徴があります。ひとつは天皇観・国家観です。顕明は、「我國維新已前否な維新己《ママ》后に於ても宗教の我が國体を保護し我が政治を保助《ママ》したる者何に者で御座升す佛教者は宜しく其の當を得ませんてしたか。」と主張したのです。つまり、仏教が国体＝天皇制に忠実なものであると主張しているのです。もちろんこれは過去の歴史を述べたかたちをとっていますが、顕明自身の思想を表したものであることも間違いはありません。

　また顕明は、「天皇陛下萬歳　佛教萬歳　京都市諸君萬歳」とも述べています。「京都市諸君萬歳」は、講演を行った京都の聴衆にこびるための発言でしょう。ですからこれは無視するとしても、「仏教」より「天皇」が先に出てくるところから、この頃の顕明の思想がはっきりと理解できるのです。彼は仏教徒ではなく、〝国民〟でした。ゆえに「仏」より「神」（大日本帝国憲法では、天皇は「神聖ニシテ侵スヘカラス」と規定されていた）を優先し、仏教の権威より政治権力を優先させていたのです。

　もう一つの特徴。それは、部落差別の肯定です。これは日蓮を攻撃する手段として、部落差別を利用していることからわかります。顕明は、

> 私しハ法華經を破すのてはありません法華宗即ち天台宗を破るのては御座ません即ち穢多の子日蓮が教祖として弘通したる日蓮宗を以て非佛教てあると申すのてあり升

と、日蓮の思想を批判するのではなく、日蓮の出生を非難しているのです。「穢多團五郎の子」という表現もあります。国体＝天皇制に忠実であり、また自身の主張のためには部落差別を利用しています。名古屋で生活していた顕明。その顕明にとってはこれらが常識であったのでしょう。これは、名古屋の大谷派僧侶たちの常識だったとも言えるでしょう。

顕明の主張は、石上敬虔の『日蓮宗非佛教論』が種本だったようです。石上も、

光輝アル佛教ニ因リ護国策ヲ講スルコト豈愉快ナラスヤ吾人ハ佛陀ノ智恵ヲ以テ吾人ノ智恵ト為シ佛陀ノ慈悲ヲ以テ吾人カ慈悲トナシ以テ吾國本ヲ培養セントスルモノナリ（3）

と、国家のための仏教信仰を主張しています。また日蓮についても、「父ハ旃陀羅（茲に穢多ト譯ス）團五郎」と記述し、日蓮非難のために部落差別を利用しています。

ただし、この天皇＝国家観と部落差別観は、石上や顕明だけに共通するものではありません。反論する日蓮宗側にも、部落差別を利用したことへの批判は見られませんでした。

名古屋時代と新宮時代。顕明は、正反対の主張をしていたのでした。顕明の平等観と平和観は、決して名古屋時代から培われていたものではないのです。むしろ、差別を助長し続け、国への忠実を説き続けていたのが、名古屋時代の顕明の仕事だったのです。

『日蓮宗非佛教』は、あまり売れた本ではありませんでした。発行後、しばらくして特売本

になってしまいます。定価六銭が四銭に値引販売されるのです(4)。しかしある程度の影響は残しています。顕明が新宮へ移った一九〇一（明治三四）年、日蓮宗の側から『日蓮宗對眞宗　孰非佛教上巻』が発行されています。ここには、

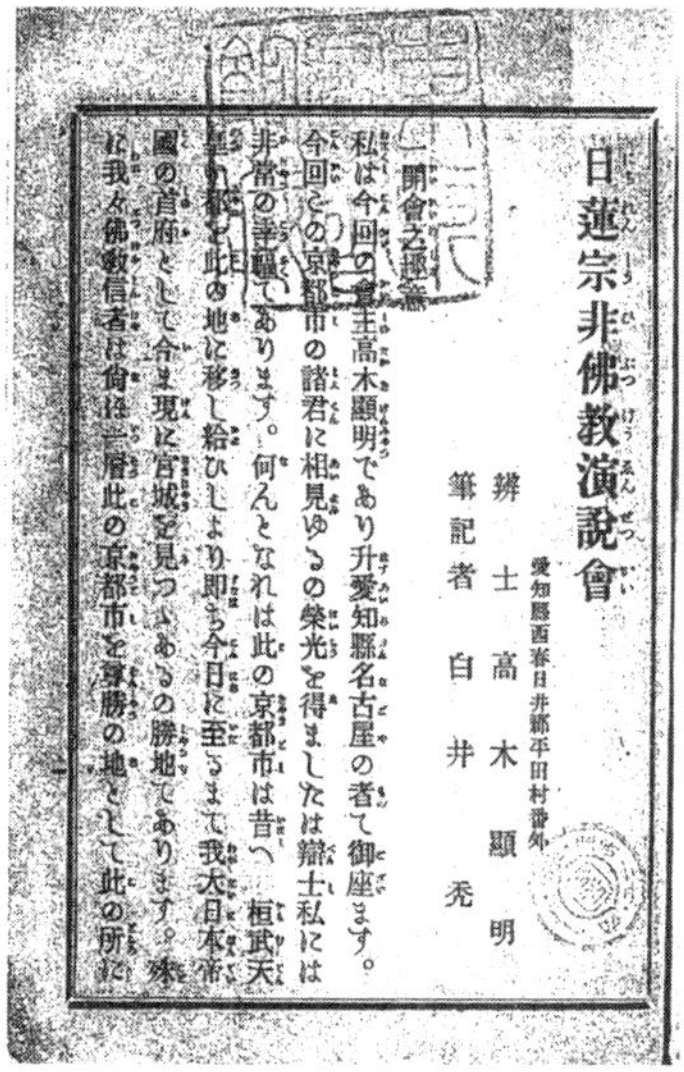
日《にち》蓮《れん》宗《しう》非《ひ》佛《ぶつ》教《けう》演《えん》説《ぜつ》會《くわい》

愛知縣西春日井郡平田村番外
辨士　高木顯明
筆記者　白井禿

開會之趣意
私は今回の會主高木顯明であり升愛知縣名古屋の者で御座ます。今回この京都市の諸君に相見ゆるの榮光を得ましたは辯士私には非常の幸福であります。何んとなれは此の京都市は昔へ桓武天皇が都を此の地に移し給ひしより即ち今日に至るまで我大日本帝國の首府として今ま現に宮城を見つゝあるの勝地であります。殊に我々佛教信者は尚ほ一層此の京都市を尋勝の地として此の所に

『日蓮宗非佛教』講演録

客アリ、日蓮宗非佛教ト題スル、一小冊子ヲ袖ニシテ來リ、余ニ示シテ、之カ反駁ヲ請フ把テ之ヲ展開スルニ、是則チ、尾張国西春日井郡平田村ノ鸞徒、高木顯明ト呼ベル禿頭ガ、去ル明治廿七年中、京都ニ於テ演説會ヲ開キ、吐露スル所ノ邪説ノ筆記ニシテ全編都テ存覺及ヒ靈城ガ涕唾ノミ、此レ僉既倒ノ腐論(5)

とあります。顕明への反論を必要と考える日蓮宗の僧侶がいたのです。顕明は自分の思想を活字にしました。こんどはその活字が一人歩きを始めます。もちろんこの本は顕明の論理を非難していますが、これは日蓮宗側にすれば当然でしょう。名古屋時代の顕明であれば、自分の名前が紹介されたことに大いに満足したのではないでしょうか。日蓮宗側に注目されたことは、

彼の虚栄心を満足させるものだったでしょう。では新宮の顕明としては、どんな感想を持ったのでしょうか……。

これは顕明の失敗でした。顕明は、差別を肯定し、権力への協力を推進していたかつての自分を、新宮の地で自己批判していました。この書籍の存在を忘れていたのかもしれません。しかし、書籍が存在する以上、それを自分で否定・批判していない以上、新宮以外の場所では顕明は差別者のままでありつづけてしまったのです。反省を表明し否定するまで、活字は変わらずに差別を宣伝し続けます。都合の悪いことは無視。自分の間違いも無視。新宮へ移ったばかりの顕明は、意識しているか否かを別として、無責任な行動を取っていたということになります。

（1）日蓮正宗法華講史編集委員会『日蓮正宗法華講百年史年表』日蓮正宗法華講連合会　一九七三（昭和四八）年三月一〇日
（2）高木顕明『日蓮宗非佛教』法蔵館　一八九四（明治二七）年八月二四日
（3）石上敬虔『日蓮宗非佛教論』雲根堂　一八九三（明治二六）年八月一二日
（4）『常葉』第三四号　常葉社　一八九八（明治三一）年九月二〇日
（5）吉村智俊『日蓮宗對眞宗　執非佛教上巻』大成堂　一九〇一（明治三四）年八月二九日

第二章　浄泉寺門徒と社会主義者との出会い

新宮・浄泉寺へ入寺

顕明と新宮との接点は、顕明が西方寺に勤めていた時に始まります。ここで、新宮郊外の松沢炭鉱社主松沢典七の弟小川新吉と出会っています。小川は熱心な仏教徒だったようですし、顕明と「頗《すこぶ》る知己」と記録されていることから、かなり親しかったようです(1)。おそらく浄泉寺を紹介したのは小川でしょう。

この時期、顕明は身近な人の死により、信仰生活が揺らいでいたと考えられる時期です。伊串氏は、「禮譲より先に山田顕明が新宮の無煙炭鉱へ行つたことは確か」と記述しています。禮譲《らいじょう》は道仁寺高木義答の実弟で、新宮浄泉寺の住職となった人物です。彼の辞職により顕明は浄泉寺住職となったのです。しかしそれより先に顕明は、尾張小教校卒業後、何度か説教をするため新宮を訪問したのかもしれません。しかし伊串氏は、「顕明の足跡とその経路を裏付ける記録は一つもない。義答も新宮へ行つたことは判つているがこの三人のどの一人も何時行つて何をしたかの記録がない」(2)と報告しています。また松沢炭鉱関係者は、「高木顕明ハ松沢炭礦へ来リシ始メハ十二三年前ノコトナリ(3)」と一九一〇（明治四三）年に証言しています。つまり浄泉寺に入寺してからの関係というのです。浄泉寺に入寺以前、顕明が新宮と関係があったとしても、それほど深いものではなかったことだけは間違いないと考えています。

旧松沢炭鉱の入り口

顕明は、浄泉寺住職に就任することになりました。「住職になる寺を持たないので同僚から肥たごと云つて軽蔑」(4)されていた顕明。めぐってきたこの機会に、大喜びだったに違いありません。住職就任とは、顕明にとって、名利《みょうり》（名声と利益）が満足するものだったはずです。「御坊さま意識」に染まっていたことでしょう。現在でも、住職に就任すると同時に、とたんに人を見下す態度をとるお坊さんもいます。それほど住職という肩書きは、僧侶にとってあこがれのものなのでしょう。

顕明は、浄泉寺に移ります。しかしこれは、浄泉寺について詳しく調べた後の行動ではないでしょう。住職になれる、その一点だけで移り住んだような気がします。だから浄泉寺へ入ったとたん、深い苦悩が始まっていくことになるのです。

（1）前掲　福本春松「高木顕明ニ関スル事項内偵ノ義ニ付キ報告」
（2）前掲　伊串英治「高木顕明の名古屋時代」
（3）前掲　福本春松「高木顕明ニ関スル事項内偵ノ義ニ付キ報告」
（4）沖野岩三郎「大逆事件の思い出」『文芸日本』文芸日本社　一九五五（昭和三〇）年九月一日

浄泉寺沿革

ここで顕明が移り住んだ浄泉寺の沿革を見ておきましょう。浄泉寺は元々遠州浜松にあったお寺でした。近世初期、新宮城主水野重仲の命で新宮に移転しました。その名残が山号に残っています。山号は「遠松山《えんしょうざん》」です。遠州浜松を略したのです。

住職は、代々小幡姓でしたがそれも絶え、高木禮譲が住職となりました。名古屋の道仁寺高木義答の実弟です。浄泉寺第一一代住職でした。その後が顕明になります。

浄泉寺の周辺一〇〇キロ以内には、まったく真宗大谷派の寺院はありませんでした。ある程度、住職は大谷派から自由にやっていけたことでしょう。

浄泉寺の「過去帳」（門徒の死亡記録）には、新宮藩の要職にあった武士の名前が度々登場するとのことです。また同じ「過去帳」に「当所カワタ何某」との記述もあるとのこと。浄泉寺の地名は「馬町」、皮革業に従事していた被差別部落民についての記述です。浄泉寺門徒には、武士もいれば被差別部落民もいたということです。浄泉寺住職・山口範之は、「注目すべきは、その時代において被差別部落の人々が士族の人々と同じ帳面に、同列に記載されていることであり、日本国中に殆ど例を見ないと聞いている」と紹介しています。元々「差別なき平等の精神」があったお寺ということです(1)。

浄泉寺の門徒戸数（檀家）は、顕明自身は、一九一〇（明治四三）年七月一四日に「門徒一八〇名」(2)と言っています。門徒「一八〇名」というのは「一八〇戸」の間違いでしょう。一九一〇（明治四三）年一二月の大谷派僧侶の調査によると、近所に三〇軒。二キロほど離れた場所に六五、六軒。二〇キロほど離れた場所に二〇軒ありました。合計一二〇軒程度です(3)。明治時代、門徒戸数が百数十戸というのは決して小さい寺ではありません。現在でも門徒戸数二〇〇軒ならば、大きな規模の寺です。少なくとも、明治の人口を考えれば、決して小寺ではありません。

顕明の発言と大谷派の調査では、門徒戸数は六〇軒も違っています。浄泉寺現住職山口範之は、「顕明が逮捕された後、門徒たちが浄泉寺から離れていきました。それが一二月までの半年間で六〇戸ということでしょう」と話してくれました。

真宗大谷派が制定した「寺格」という寺院の階級も、浄泉寺は「飛檐《ひえん》」でした。この時代の大谷派「寺格」は、上より「院家《いんげ》」「内陣《ないじん》」「余間《よま》」「飛檐《ひえん》」「外陣《げじん》」の五段階であり、このうち

「院家」は、「五箇寺《ごかじ》」「巡讃《じゅんさん》」「別助音《べつじょいん》」「助音《じょいん》」「素絹《そけん》」の五段階に分かれていました。実質一〇段階の階級がありました(4)。このなかで浄泉寺は「飛檐」であり、最下級の寺ではありませんでした(5)。

ただ門徒戸数はあるにせよ、全体に貧しい人々が多かったのです。近所の三〇軒は「貧檀多数」、他の門徒は「新平民」(6)と記述されています。顕明も「門徒百八十名ノ内百二十名ハ特種の人間」(7)と言っています。差別が大変厳しい時代、被差別部落の門徒も貧しかったはずです。そのため浄泉寺の実態は、大変失礼な表現ですが「貧乏寺」だったのです。

(1) 山口範之「浄泉寺と高木顕明」真宗大谷派同和推進本部『「同和」推進フォーラム』二四号　一九九七(平成九)年二月一〇日
(2) 「高木顕明　第一回予審調書」大逆事件の真相を明らかにする会　前掲『大逆事件訴訟記録・証拠物写　第五巻』
(3) 藤林深諦「大谷派調査員の報告(復命書下書)」「高木顕明の事跡に学ぶ学習資料集」編集委員会　大阪教区高木顕明の事跡に学ぶ実行委員会　解放推進本部　編集『高木顕明の事跡に学ぶ学習資料集』真宗大谷派宗務所　二〇一〇(平成二二)年六月一日
(4) 前掲　柏原祐義『近代大谷派の教団　明治以降宗政史』
(5) 菅龍貫『真宗両本願寺末派寺院明細録大全』共益義会　一八九二(明治二五)年一〇月一五日
(6) 前掲　藤林深諦「大谷派調査員の報告(復命書下書)」
(7) 前掲「高木顕明　第一回予審調書」　＊注「特種の人間」は差別表現。

住職予定者の活躍

顕明は、一八九七（明治三〇）年に浄泉寺に移り住みました。その時の浄泉寺の本堂は、内陣も外陣も数カ所の雨漏りがあり、畳も腐っていました。そして屋根も建物自体も傾いていたのです。突然前住職から寺を譲り受けた顕明は、大変驚いたと思います(1)。

顕明は一八九八（明治三一）年度に浄泉寺門徒役員と相談し、頼母子講《たのもし》(2)を組織しました。参加者は三二名で、最初の出資金である一二〇〇円をすべて受け取り、浄泉寺整備のための資金を手に入れます。そして大破した本堂を修繕し、梵鐘も購入しました(3)。現在、浄泉寺の本堂は再建されており、屋根瓦の一部が保存されている以外に当時の本堂の様子を伝えてはいませんが、六間四方の本堂だったようです。たぶん、大谷派寺院の一般的な本堂は、七間四方だと思います。やや小さい本堂、というのが浄泉寺の本堂でした。いずれにせよ、浄泉寺入寺直後の仕事は、寺院施設の整備であり、それに成功していたのでした。

この年、顕明は再婚します。愛知県出身の権田たし、という女性です。たしも再婚だったようです(4)。浄泉寺の整備が整い（整うことが具体的になり）、同居することになったのでしょう。ただ、入籍は一九〇七（明治四〇）年一月二四日のことになります。たしは一八六九年一一月二三日（明治二年一〇月二〇日）の生まれでした(5)。

顕明の友人、沖野岩三郎によれば、たしは「顔の圓い能く肥えた體格で、愛嬌のある優しい奥さま」(6)だったということです。

(1) 前掲 藤林深諦「大谷派調査員の報告(復命書下書)」 なお沖野岩三郎は、顕明入寺の頃の物語「彼の僧」を『煉瓦の雨』福永書店 一九一八(大正七)年一〇月一日に収めている。

(2) 参加者を募り、それぞれが出資する。そしてその中の一人が集めたお金のすべてをもらう。これを、最後の者が受け取れるまで繰り返す、という組織。

(3) 前掲 藤林深諦「大谷派調査員の報告(復命書下書)」

(4) 前掲 藤林深諦「大谷派調査員の報告(復命書下書)」

(5)「高木顕明戸籍謄本」大逆事件の真相を明らかにする会 前掲『大逆事件訴訟記録・証拠物写 第五巻』

(6) 前掲 沖野岩三郎「日記を辿りて」

住職就任

しかし顕明は、すぐに浄泉寺住職に就任したわけではありません。その理由を考えてみましょう。

大谷派の記録に「顕明浄泉寺入寺ノ時元トBノ建築セシ庫裏(座敷)ヲBヨリ買取リ其代金ヲBエ支払エリト聞候」(1)とあります。Bとは浄泉寺前住職、高木禮譲のことです。この庫裏《くり》の代金の支払いを完了することが、顕明の住職就任の条件だったのではないでしょうか。

沖野の小説には、浄泉寺の購入代金が「八〇円」だったことが書かれています(2)。この八〇円を作るのに三年の期間が必要だったようです。頼母子講で修繕費を手に入れましたが、その後は頼母子講にお金を入れ続けなければなりません。もちろん多額の布施収入があるはずもありません。だから住職就任に三年もかかったのでしょう。

ただ、顕明が住職に就任した日付について問題があります。真宗大谷派は、顕明の浄泉寺住職就任を一八九九（明治三二）年一二月としています(3)。確認できないのですが、本山にある『寺籍簿』の記録が根拠とのことでした。しかし疑問です。住職就任の辞令が出されているはずなのに、日付の記録がないのです。『寺籍簿』とは、僧侶の戸籍にあたる記録です。それに日付がないのは不思議です。そこで他の史料を探してみました。

真宗大谷派の月刊機関誌に『宗報』（現『真宗』）というのがあります。一九〇〇（明治三三）年八月二八日発行の『宗報』に、この年前半の住職任免一覧がありました。そこには、一九〇〇（明治三三）年一月九日に顕明が浄泉寺住職になったことが記載されています。また、同日に高木禮譲が住職を辞職したことも記録されています。この史料は、顕明の住職就任と同時期に発行されたものです。こちらのほうが、より信憑性があると考えています。

（1）前掲　藤林深諦「大谷派調査員の報告（復命書下書）」
（2）前掲　沖野岩三郎「われ患難を見たり」
（3）前掲「高木顕明の事跡に学ぶ学習資料集」編集委員会　大阪教区高木顕明の事跡に学ぶ実行委員会　解放推進本部　編集『高木顕明の事跡に学ぶ学習資料集』

浄泉寺門徒

浄泉寺には一八〇〇戸程度の門徒がありました。寺のすぐ近所の門徒たちは、被差別部落の人たちではありませんでしたが、生活は大変貧しかったようです。浄泉寺への布施なども少なかったと記録されています。顕明はこの門徒たちには悩まされていたと思います。それはお金の問題ではありません。部落差別の問題です。

浄泉寺近在の門徒たちは、「cノ門徒新平民ナルコトヲ軽蔑シテ浄泉寺ニ於テ布教ノ時ニモ彼レト同座スルコトヲ嫌」っていたのです。そして「浄泉寺。〔ヨリ〕cノ門徒中ニ〔親ク〕交ハル事。〔大ニ〕不賛成」だったのでした。

cは被差別部落の地名を伏せたものです。明治時代、このようなことは浄泉寺に限ったことではないでしょう。新宮へ来た当初は、顕明も同様な気持ちだったはずです。しかし時が経つにつれ、顕明の悩みは大きくなっていったのです。史料にも、「浄泉寺ニ於テモ殆ント困却致居候」(1)と記述されています。そして前住職時代のやり方を改めようとしたのです。

顕明が近在の門徒たちへ何を働きかけていたか。残念ながら、その史料は残されてはいません。近所の門徒の中には浄泉寺から離れ、浄土真宗本願寺派寺院の門徒となっていったものもあったようです(2)。

浄泉寺より二〇キロほど離れたところには、二〇件ほどの被差別部落の門徒がありました。しかし自動車も自転車もなかった時代。この地区の門徒とは大変疎遠であったようで、関わる

現在の浄泉寺

のは葬式など、特別な時だけだったようです。沖野の小説によれば、ここの門徒は、顕明が浄泉寺に移って最初に葬式を行った門徒でした。そして、顕明が自分自身の差別意識をはっきりと自覚した場所でもありました(3)。

浄泉寺の経済、運営を支えていたのは「ｃノ門徒」たちでした。当然、顕明との交流も深いものになっていきました。顕明は「努めて此の特種部落に行つて彼等と寝食を共にして居た」ということです(4)。

当初顕明は、被差別部落の貧しい門徒からはお布施をもらおうとしなかったようです。もちろんこれは顕明の思い上がりだと思います。本来お布施とは浄泉寺に対する寄付であり、顕明が断るという性格のものではないからです。顕明の「ええかっこしい」でしかありませんでした。

お布施を受け取ってもらえない門徒は、考えました。お布施のかわりにお菓子を準備したのです（お菓子もお布施ではありますが）。沖野の小説には、

浄泉寺　本堂の鬼瓦

「高尾が歸らうとすると、主人は膳戸棚の上から菓子箱を下して來て恭しく夫れを差出した」(5)場面が描かれています。高尾とは顕明のことです。貧しいながらも門徒は懸命に浄泉寺を支えようとしていたのでした。

お菓子を持って帰ってきた顕明。それに対するたし（文中では「お幸」）の反応も沖野は小説に書いています。

『お幸、此の菓子を其所へ収つてお置き。』と云つて菓子箱を前に措いた。お幸は一寸眉を顰めながら、『又たお菓子ですか』と云つた。お幸の説では、彼等が説教の時、三十銭四十銭の菓子折を呉れるよりも十銭か廿銭の現金を包んで呉れゝば雙方に經濟であり氣持が宜いと云ふのである。(6)

家計を預かっているたし。顕明より立派な考えを持っていたようです。お金の問題を言っているのではありません。双方が気持ちがよい、という考え方が大切だと考えるのです。顕明は頭（理屈）で考え、たしは生活（事実）で考えた、ということでしょう。顕明が事実を見つめるには、まだまだ時間がかかったようです。

顕明が「大谷派の教え」から「真宗の教え」へ進もうとするきっかけを与えたのは、二〇キロ離れた被差別部落の門徒でした。そしてその歩みを支えていたのは「ｃノ門徒」たちでした。これから少しずつ触れていきたいと思います。

（１）前掲　藤林深諦「大谷派調査員の報告（復命書下書）」
（２）沖野岩三郎「煤びた提灯」『雄辯』大日本雄辯會　一九一九（大正八）年八月一日
（３）前掲　沖野岩三郎「日記を辿りて」
（４）沖野岩三郎「T、Kと私との關係」『生を賭して』警醒社書店　一九一九（大正八）年七月五日
（５）前掲　沖野岩三郎「煤びた提灯」
（６）前掲　沖野岩三郎「煤びた提灯」

地域との交流

顕明が新宮に移り住んでから、お寺の仕事以外で最初に交流を結んだのは和歌の仲間たちでした。当時の新宮には「蓬莱吟社」という句会がありました。この会は、「後期江戸文芸の伝統をそのまゝ踏襲する」もので、「雑俳」と「俳諧」の二つの流れがあったそうです。顕明は俳諧のグループに属していました。ここで顕明と大石誠之助の出会いがあったのでは、という可能性も指摘されています(1)。

顕明の雅号は「遠松《えんしょう》」でした。これは浄泉寺の山号「遠松山」からとったものです。一八九

九（明治三二）年九月、新宮に新派の句会が誕生します。「金曜会」と名づけられました。顕明は同年一一月に加入しました。会の中心人物の一人が新宮教会の伝道士・間宮小五郎でした。後、顕明とは句会以外でも交流を深めていくことになります。

間宮は、社会主義の知識を持っていたようです。『平民新聞』第四号の「紀州熊野の社会主義」には、「紀州熊野に社會主義の輸入されしは今より数年前にして、其の輸入者は日本基督教会派の牧師間宮小五郎」と紹介されています(2)。また間宮の後任である沖野岩三郎は、「私の前の牧師とも交際をして居て、教會でも説教した事があるさうな」(3)という伝聞を記していています。

間宮は、句会だけのつながりではなく、顕明の反部落差別を支えていたのかもしれません。間宮は一九〇二（明治三五）年秋、新宮から高松へ転任しています(4)。

（1）清水徳太郎「新宮町新派俳句事始」『熊野誌　特集号』熊野地方史研究会・新宮市立図書館　一九八〇（昭和五五）年六月一日

（2）『平民新聞』平民社　一九〇三（明治三六）年一二月六日　『史料近代日本史・社会主義史料　平民新聞（一）』創元社　一九五三（昭和二八）年一二月一〇日

（3）前掲　沖野岩三郎「T、Kと私との關係」

（4）前掲　清水徳太郎「新宮町新派俳句事始」

郵便はがき

料金受取人払郵便

名古屋中局
承認

6624

差出有効期間
2025年5月31日
まで

460-8790

101

名古屋市中区大須
1-16-29

風媒社行

注文書◉このはがきを小社刊行書のご注文にご利用ください。

書名	部数

郵便振替同封でお送りします（1500円以上送料無料）

風媒社 愛読者カード

書　名

本書に対するご感想、今後の出版物についての企画、そのほか

お名前　（　　歳）

ご住所（〒　　　　　）

お求めの書店名

本書を何でお知りになりましたか
①書店で見て　②知人にすすめられて
③書評を見て（紙・誌名　　　　）
④広告を見て（紙・誌名　　　　）
⑤そのほか（　　　　）

＊図書目録の送付希望　□する　□しない
＊このカードを送ったことが　□ある　□ない

大石誠之助

大石誠之助は、一八六七年一一月二九日（慶応三年一一月四日）生まれ。顕明より三歳年下です。後に大逆事件の新宮グループのリーダーとされ、幸徳秋水らと死刑になった人物です。大逆事件で逮捕された、いわゆる新宮グループは六名。その中心人物であり、幸徳秋水や他の地方の社会主義者とも交流を結んでいました。少なくとも一九〇九（明治四二）年七月までには、国から社会主義者、または賛同人として監視されていたのです（1）。

職業は医者でした。アメリカに留学し、医師免許を取得しています。「ドクトル大石＝毒取る大石」と新宮では呼ばれていた人物です。貧しい者からは診療費を取らず、金持ちからは多額の診療費を取るような人物でした。文才にも恵まれ、社会主義新聞『平民新聞』にも多くの文章が掲載されています。またキリスト教徒でもあった人です。

（1）「社会主義者沿革　第二」『続・現代史資料1　社会主義沿革1』みすず書房　一九八四（昭和五九）年一〇月三〇日

（参考）濱田榮造『大石誠之助小伝』荒尾成文堂　一九七二（昭和四七）年五月二五日
森長英三郎『祿亭　大石誠之助』岩波書店　一九七七（昭和五二）年一〇月二一日

沖野岩三郎

すでに何度か名前を出していますが、ここで顕明の友人である沖野岩三郎も紹介しておきます。

沖野は一八七六（明治九）年一月五日生まれ。顕明より一二歳も年下の友人でした。小学校の教師をしていましたがキリスト教と出会い、明治学院神学部を卒業し、一九〇七（明治四〇）年六月、新宮教会へ赴任します。この前年、夏期伝道のため新宮を訪問しており、その時に大石誠之助と知り合っていたようです。

沖野は明治学院の生徒時代に、日露戦争反対をするなどした牧師でした。新宮でも、社会主義者たちと交流していました。しかし「大逆事件」で大石たちが逮捕される原因となった会合に参加していなかったため、家宅捜索はされますが逮捕は免れた人でした。

沖野は、この逮捕を免れたことに負い目を持っていたようです。自分だけが助かってしまったことを悔いていたのです。

それが原因なのでしょう。沖野は大逆事件後、逮捕された新宮グループの人たちについて、小説を書き、また証言も残しています。沖野が残した作品は、新宮での大逆事件について学ぶ場合、不可欠のものと評価されています。

（参考）野口存彌『沖野岩三郎』踏青社　一九八九（平成元）年二月二八日

顕明と句会

「金曜会」での顕明の句が残されています。ただし「初心というより仕方のない代物」(1)というレベルのものだそうです。

張りかえた障子あかるき小春かな
洋傘に美人ぬれゆく初時雨
榾《ほた》の火に草靴ながら旅の人
蘇鉄まだ冬構して牡丹咲く
吹きとばす風雪強き尾呂志道
雪車ひきの汗となりたる着物かな
鑵入りの海苔やきりめの正しあり
煤掃や古る帽にすむ鼠の子
木蓮の白き雉子のなけるかな(2)

浄泉寺にはこれに加え
神倉や王子濱に漁火みゆる

が残され、他に「君ゆかば戦いもあらじと祈る友」など二九枚の短冊に書かれた顕明の俳句が残されています。もっともこれらの作品は、大逆事件裁判の際いったん売却されたもので、最近になって浄泉寺に里帰りしてきたものです。

また他の作者の句が顕明の自筆で残されています。新宮最初の女流俳人八寸女の「夕暮れやかすかにしろき冬の山」と、湯田猿叫の「遠松提灯を消しながらショールを敷いて座す　淡濃山房」の二首です。猿叫は、本名湯田円及。熊野病院に赴任してきた医師でした。

「遠松提灯を消しながら」の句は、一九〇〇（明治三三）年一月二九日に開かれた「互味会」で作られた句です。「互味会」とは、参加者が料理を一品ずつ持ち寄って開かれる食事会のことです。この時、金曜会会員七名が参加して行われました。場所は金曜会主宰者湯田猿叫の自宅「淡濃山房」の二階でした。

当時は家の中でも満足な明かりがなく、二階の座敷に到着してからやっと提灯の火を消す、というような暮らしぶりであったことがわかります。また顕明は大変な寒がりだったといいます。おしゃれではなく、実用として首に「ショール」を巻いていたのです。しかも座布団もなかったのでしょう。それを外し、床に敷いたのでした。顕明は、この猿叫の句を気に入っていたのでしょう。

また猿叫は、この時の参加者七名を七福神にたとえています。顕明は恵比寿様でした。しかしこの後、なぜだか顕明は句会へ参加しなくなったようです(3)。

顕明にはもう一句ありました。顕明の友人沖野岩三郎には、大変お気に入りの句のようで、

沖野の作品に何度か引用されています。つまり、顕明の句では最も有名なものです。その句とは、

大道やエヘンと言へば五六間

というものです。これはこのような意味がありました。

大道といふのは南谷の墓地へ行く街道なんです。大變西風の強い所で、能く葬式の時なぞ眼も開けられない程砂埃が立つので困りますが、彼所《あすこ》で風の吹く日、前に行つて居る人がエヘン！と咳拂を一つしたら、五六間後を歩いてゐる人の顔へ唾が飛んで來るのです。(4)

意味を聞いても何のことやらという句です。この句が最初に公表されたのは、一九〇八（明治四一）年一一月一五日の『熊野新報』に掲載された、沖野岩三郎「藪くぐり」の中でのことでした。ざれ歌が一番有名なものとなったのです。

（1）前掲　清水徳太郎「新宮町新派俳句事始」

（2）前掲　清水徳太郎「新宮町新派俳句事始」
（3）前掲　清水徳太郎「新宮町新派俳句事始」
（4）一間は約一・八メートル。前掲　沖野岩三郎「日記を辿りて」

部落差別との出会い

『日蓮宗非仏教』ではっきりしているように、尾張時代の顕明には大変強い差別意識がありました。積極的に差別を利用し、主張していたのです。尾張時代の生活では、それはまったく問題にならなかったのでしょう。被差別部落の人々との交流はなかったものと思います。顕明は世間と同様、理由のない差別意識を持っていたのです。しかし新宮浄泉寺に移り住むことにより、差別されている人々と直接交流することになりました。

沖野の小説には、顕明が部落差別を語った様子が描かれています。「では矢張り、あなたが若し然ういふ部落のお産だつたら檀中（1）から嫌はれるのですか」と沖野が尋ねると、顕明は、

えゝ〳〵嫌らはれますとも、夫れは無理の無い事です、私が此寺へ来て間も無い時の事でした。私は初めて川向ふの檀家のお葬式へ行つて其所へ宿つた事がありました。縮緬の座布団に絹夜具なんですが、私には其の縮緬のザラ〳〵したのが却つて気味悪く、絹のツル

〳〵する澤が又心持よく無いのです。行つた晩は先ァ何とか言つて御飯を食べずに我慢しましたが、翌朝お膳に対つて坐つた時、私は生まれて以来《このかた》初めての真剣な南無阿弥陀仏を唱へました。御飯を一口口へ頬張つては南無阿弥陀仏々々々々々と、一生懸命に唱へながらグッと鵜呑みに呑込むのです。しかし味噌汁はどうしたつて感じが悪くて飲込めませんでした。お椀を口の所まで持つて行くと、既う胸がむか〳〵ッとして来るのです。私は現在斯ういふ檀家のお布施で生きてゐるのです。夫に矢張り斯うであつたのですから、何の関係もない人達から卑しめられ嫌がられるのも無理の無い事だと思ひました。(2)

と答えるのです。

顕明はご飯を飲み込むために南無阿弥陀仏を唱えています。この南無阿弥陀仏は、差別する自分を自覚した、という懺悔《さんげ》の南無阿弥陀仏でしょうか。それとも「汚いもの」と考えるものを我慢し、僧侶としての体裁を整えるための南無阿弥陀仏なのでしょうか。ただ、顕明は「差別してもよい。差別しても仕方がない」とは考えませんでした。自分自身に差別意識があることを認めることができた人なのでした。懺悔が始まります。

しかし私にさへ《（ママ）》——これだけ同情を有つてゐる私にさへ《（ママ）》——強い〳〵遺伝と習慣との勢力が、彼の人達を斯んなにまで嫌はしめるかと思ふと私は本当に恐ろしくなりました。今では最う私も平気で檀家へ行つてもお茶も飲むし御飯も食べますが、しかし未だ私の心には少うしの引懸りが残つています。夫は私が彼《あ》あいふ部落の産れだといはれると、直ぐ士族だの昔は武士だつたのと古臭ァい思想が心の奥の奥から這出して来るので解ります。(3)

これは沖野の小説に出てくる話です。これだけでは事実かどうかはわかりません。しかし沖野はこんな証言も残しています。

ある日私は彼と二人で熊野川に沿うて河奥へ旅行した。その時彼は痛切な告白を私にした。彼が一箇寺の住職として紀州に来た当事、水平社員である信者の家に行つて食事をするときの苦心を、泣かんばかりに語つた。思想上では水平社も何もない。しかし食事を運ばれた時、味噌汁を吸うのがまことに苦しかつた。一口吸うては唱名（ママ）（称名。南無阿弥陀仏を称えること―筆者注）し、唱名しては又一口吸い、やつと一杯の味噌汁を食べ終わるのである。これは少しでも食べ残すようでは信者の尊敬を受ける事が出来ない、ご飯はそうでもないが味噌汁を吸うことは、まことに辛かつた。(4)

沖野はこの時の顕明の話を元に、小説を書いたことがわかります。新宮に来た直後の顕明は、尾張時代と同様差別を実践していた人でした。しかしそれでは「信者の尊敬を受けることができない」という計算から体裁を整えていたのだけでした。

差別意識は根深いものです。自分の差別性に気がつかないというのは論外ですが、自分の差別に気づき、それを否定する浄土真宗の教えも知っていながらも差別は顕明の中に生き続けていたのです。

沖野の証言では、

今でも食事を出された時、汁椀のふたに汚れたものがくつついていた時は、第一に胸がむかむかして来る、その度に自分の思想がまだまだ平等思想になつていないのだとなさけなくなる。修行が足りないのである。(5)

とも顕明は語っています。「修行が足りない」、浄土真宗の知識だけではどうしようもなかったということです。

顕明が新宮に来たのは、一八九七(明治三〇)年。沖野との出会いは一九〇七(明治四〇)年。浄泉寺で被差別部落の人たちと交流をはじめてから一〇年もたって、なお「平等思想になっていない」と嘆いていたのでした。

顕明の被差別者との交流は、峯尾節堂も「穢多の子供を集めて、讀書を授けたり、御堂の賽銭を集めて筆・紙・墨を買つて與へたり」(6)したと書いています。つまり、このような実践があってもなお、顕明の差別意識はゼロにはならなかったということです。新宮に来て一〇年以上たってからも、沖野に「私は愛知縣の立派な士族で家業は代々菓子屋ですから」(7)と、自らの身分を説明しているくらいです。

顕明が最も厳しく対峙したのは、国家や地域社会ではありませんでした。それは自分自身だったのです。他者の問題だけではなく、自分自身の問題に苦しんでいたのです。被差別者との交流することで、ややもすれば「自分は差別者ではない」と自己満足してしまうことがあります。浄土真宗の教えを知ることだけで、「自分は平等主義者だ」と自己肯定をしてしまうことがあります。顕明はそれを決して許さなかった人でした。あえて繰り返します。顕明が最も厳しく対峙したのは、国家や地域社会ではありませんでした。それは自分自身だったということです。

(1) 檀家じゅう

(2) 前掲 沖野岩三郎「日記を辿りて」

(3) 前掲 沖野岩三郎「日記を辿りて」

(4) 前掲 沖野岩三郎「大逆事件の思い出(一) 回想の人々」 なお、史料中にある「水平社」(全国水平社)の結成は一九二二(大正一一)年三月三日。

(5) 前掲 沖野岩三郎「大逆事件の思い出(一) 回想の人々」

(6) 峯尾節堂『我懺悔の一節』 神埼清編『大逆事件記録第一巻 獄中手記』實業之日本社 一九五〇

（昭和二五）年六月一五日
（7）前掲　沖野岩三郎「日記を辿りて」

「戦争布教」

一九〇四（明治三七）年、日露戦争が勃発しました。「満州」（中国東北部）や朝鮮半島の権益を巡っての日本とロシアとの戦争です。もちろん大谷派は、この戦争に積極的に協力していくことを決定していました。日清戦争での戦争協力のノウハウを生かしての戦争協力活動でした。

戦争直前の事実を見てみましょう。二月四日、御前会議（天皇臨席で行われる会議。日本の最高意思決定機関）が開催され、ロシアとの開戦が正式決定します。六日、ロシアとの国交断絶を通知します。そして八日に戦闘が始まり、一〇日に宣戦布告をするのです。

では、大谷派の戦争協力はいつから始まったのでしょう。それは一月二九日からです。大谷派はすべての海軍基地（鎮守府）とすべての陸軍部隊（師団）に対して手紙を送り、「一朝有事ノ日ニ際会セハ必ス従軍布教使ヲ派遣」すると約束しているのです。続いて二月二日には、戦争協力の専門部署である「臨時奨義局」を発足させています（1）。これらの日付は重要です。日本が開戦決定をするのは二月四日のことです。それに先立ってすでに戦争協力を始めているのです。これらの事実は、大谷派の積極性を証明しています。顕明は、こんな宗派の僧侶だったのです。

二月八日、戦闘開始とともに大谷派は重役会議を開き、布教方針が決定されます。そして一〇日の開戦と同時に戦争協力は拡大していくのです。

八日、大谷派「法主《ほっす》」現如の「垂示（僧侶・門徒に対する指示）」が出ます。ます、「帝国ノ臣民タルモノ此時ニ際シ宜シク義勇君國ニ奉スヘキナリ」と日本国民の義務を述べた後、

殊ニ本宗門徒ニアリテハ予テ教示スル処リ二諦相依ノ宗義ニ遵ヒ朝家ノ為国民ノ為メ御念仏候ヘシトノ祖訓ヲ服膺シ専心一途報国ノ忠誠ヲ抽ンシ奮テ軍氣ノ振興ヲ企図シソノ事ニ軍役ニ従フモノハ速ニ他力本願ヲ信シテ平生業成ノ安心ニ住シ身命ヲ國家ニ致シ勇往邁進以テ国威ヲ海外ニ発揚シ内外一致同心戮力海岳ノ天恩ニ奉答スヘシ是即帝國臣民ノ義務ヲ盡スモノニシテ即亦本宗念佛行者ノ本分ヲ守ルモノナリ(2)
（殊に大谷派門徒にあっては、以前から教えている「二諦相依」(3)の教えに従って「朝家ノ為国民ノ為メ御念仏候ヘシ」(4)という親鸞の教えを受け止め、報国の忠誠を示し、戦意を昂揚させ、軍人・兵士は真宗の教えを信じて、生きているうちに救われると納得し、身命を国家に捧げ、勇往邁進して国威を海外に広め、偉大な天皇の恩に答えなければならない。これは日本国民の義務であり、真宗門徒の義務を守るものである）

と指示するのでした。

続いて二月一九日、大谷派「法主」の「直命《じきめい》（命令）」「親示《しんじ》（布教）」が出され、二五日に新門（「法主」の跡継ぎ）彰如の「親示」が出されます。もちろん戦争協力についての内容でした。

新門の「親示」は、「一同朝家の御為國民の為御念佛諸共に二諦相依の宗義に基く我浄土眞宗の門葉は率先して義勇奉公の誠を盡くされたいことである」(5)と僧侶と門徒に檄を飛ばすものでした。

大谷派では「法主」の「親示」が出されると、その内容をわかりやすく説明する「複演」というお説教が行われます。これはその時々の一流の布教使が勤めるのです。この時は、仏教学者でもあった南條文雄が勤めています。また南條は「特派布教使」という、「法主」直々に任命される布教使でもありました。

この南條の「複演」には、僧侶たちに注目される一節がありました。大谷派の布教使の中では、ちょっとした流行になっていく言葉が登場したのです。

十年の戦争の時第二丁卯艦水兵朝待繁十郎といふ者は敵地の偵察を命せられて端艇に乗りて薩摩の陸に近ついた時弾丸の雨の如くに飛ひ来る中て何んの構ふものか死ねは極楽たと云て自分も人も共に勵まして能く任務を盡くした(6)

というものでした。この「死ねば極楽だ」という言葉は布教使たちに気に入られ、「戦争布教」「戦争教学」に取り入れられていったようです。それは、この言葉が本山での「複演」で使われたこと。大谷派機関誌『宗報』に掲載されたことも重要な条件でした。つまり大谷派の公式なものである、というお墨付きがあったからでしょう。

だから後の十五年戦争で「戦争布教」の第一人者となる暁烏《あけがらす》敏《はや》も、「死ねば極楽だと信じて進め」(7)と布教しました。後、大谷大学学長となる大須賀秀道も、「死ねば極楽と思へばこそ、死ぬ覚悟も定まって、奮闘することが出來るのである」(8)と布教しています。

南條もお気に入りの一節だったようです。一カ月後に刊行された『戦争法話』の中にある南條の「身心二命談」では、

明治十年の西南の役に第二丁卯艦の水兵朝待繁十郎なる者は、弾丸の雨の如くに飛び來る中に於て、何の構ふものか、死ねは極楽た、やっつけろと叫んで、自らも勵まし、他の水兵も勵まして、端艇を敵地漕ぎ寄せ、敵地探検の任務を果たせし(8)

と同じ内容の話を行っているのです。しかも前回の法話より過激になり、「死ねば極楽　やっつけろ」というフレーズを作り上げていきます。「戦争布教」の進化・発展が見えてきます。

より勇ましい表現になっていったのです。

（１）『宗報号外』本山文書科　一九〇四（明治三七）年二月一五日
（２）前掲『宗報号外』
（３）真諦・俗諦が助け合うこと。真諦は浄土真宗の教え。俗諦は国の教え。「真俗二諦」とも言う。実際の大谷派の行動は、俗諦を基本として行動し、真諦を無視していた。
（４）親鸞の消息（手紙）の一節。意味は、念仏を弾圧する天皇や、それに従い念仏を嫌う人々のために念仏しなさい、ということ。つまり、念仏を弾圧する人であっても排除してはいけない、という教え。しかし大谷派は、「天皇の為・国民の為に戦争協力しなさい」という意味で使用し続けた。
（５）『宗報』第三一号　一九〇四（明治三七）年三月二〇日
（６）前掲『宗報』第三一号
（７）暁烏敏「出征軍人に与ふる書」『精神界』浩々洞　一九〇四（明治三七）年四月一〇日『真宗史料集成第十三巻　真宗思想の近代化』同朋舎出版　一九八三（昭和五八）年五月三一日
（８）大須賀秀道『戦時伝道大観』法蔵館　一九〇五（明治三八）年四月二〇日
（９）南條文雄『戦争法話』法蔵館　一九〇四（明治三七）年三月二八日

新宮仏教会の戦争協力

日露戦争には各宗派も戦争協力をしていきます。そして各地の仏教会でも、宗派を超えて戦争協力をしていったのです。それは新宮仏教会も例外ではありませんでした。

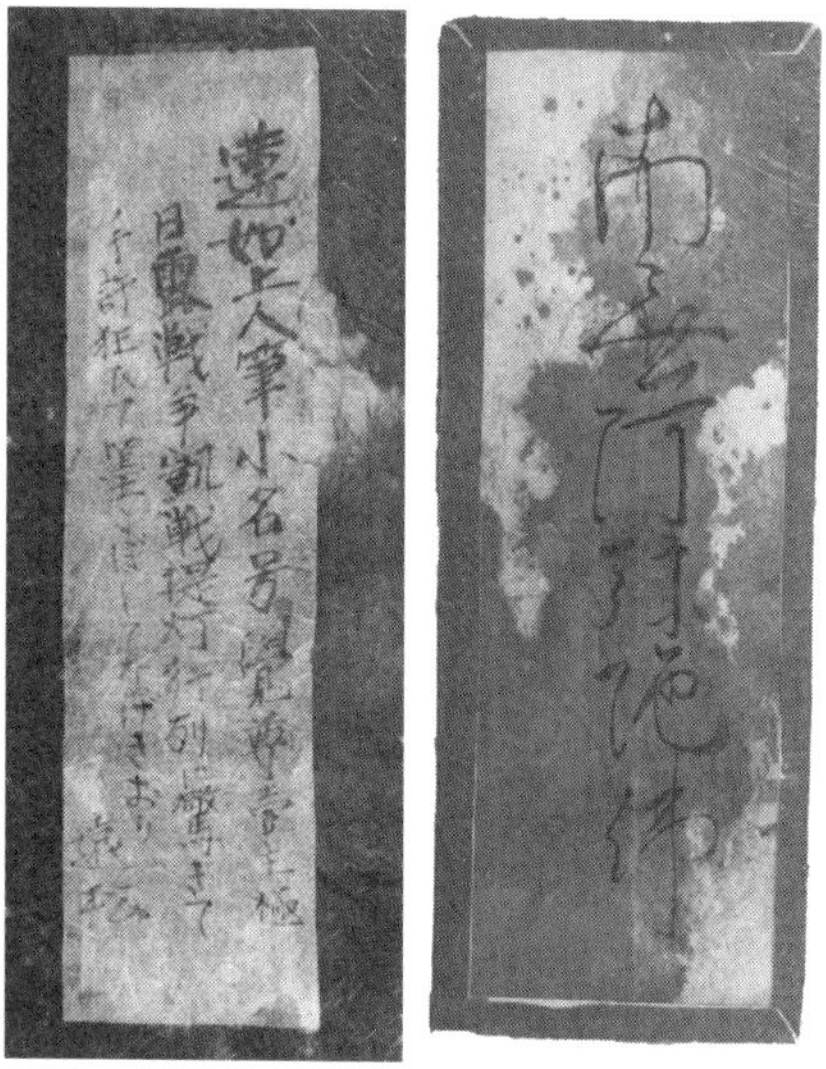

顕明が書いた名号。浄泉寺蔵

新宮の住職たちは、敵国降伏の祈祷法要を計画しました(1)。町民の戦意高揚のためでしょう。しかし顕明一人、これに反対します。沖野は、「彼の信ずる宗旨は絶對他力であつて、祈祷禁厭は宗門の法度で禁じられて居るから、彼は眞宗の信仰を堅く守った」(2)と書いています。名古屋時代、神守空観に師事し、伝統教学を学んだ顕明としては、当然の行動でした。しかしこのため、顕明は新宮の僧侶たちから孤立してしまうのです。

一九〇五（明治三八）年九月五日、ポーツマス条約調印により日露戦争は終結しました。しかし戦争に関する行事は続きます。

現在、浄泉寺には顕明が書いた名号（南無阿弥陀仏）が残されています。しかもそれは墨をこぼして、汚れているのです。この小さな短冊の裏には、「蓮如上人筆小名号覺尊壹主極　日露戦争凱戦《ママ》　提灯行列に驚きて　手許狂ひて墨こぼしてなげきおり　遠松」とあります。新宮では戦争勝利を祝う提灯行列が行われたのでした。

僧侶たちも戦争に関する行事を続けています。大石誠之助の言葉ですが、「ケチな凱旋門」

新宮市速玉大社に残る忠魂碑

を作ったのです(3)。僧侶たちは、義理で行動したのではなく、かなり積極的に行動していることがわかります。

その積極性により、今度は忠魂碑を建てることを計画しました。もちろん顕明は、「彌陀一體の外私には禮拝すべきものが無い」と反対します。そこからまた顕明の孤立が深まっていきました(4)。

戦争協力に邁進する教団と僧侶たち。それに反対し続ける顕明。日露戦争は、少なくとも地域僧侶たちから、顕明を完全に孤立させてしまいました。

(1) 前掲　沖野岩三郎「煤びた提灯」
(2) 前掲　沖野岩三郎「T、Kと私との關係」
(3) 大石誠之助「新宮より　緑亭生」『牟婁新報』不二出版　二〇〇二（平成一四）年一月二五日
(4) 前掲　沖野岩三郎「T、Kと私との關係」

『余力《が》社會主義』の執筆

顕明の著作『余力社會主義』は、日露戦争の最中、一九〇四（明治三七）年一〇月四日に完

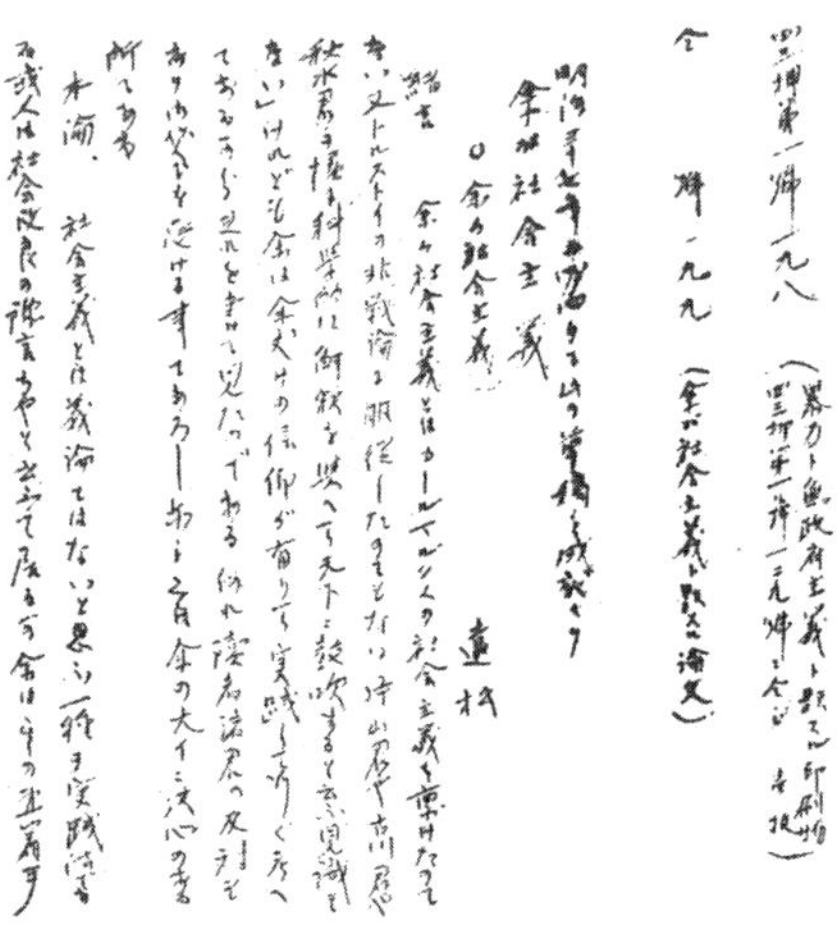

明治四十三年六月三日山[illegible]ニ於テ[illegible]

余が社会主義

遠松

○余ガ社会主義

緒言　余が社会主義とはカールマルクスの社会主義を稟けたのでもない。又トルストイの非戦論に服従したのでもない。片山君や古河君や秋水君の様な科学的に解釈を与へて天下に鼓吹すると云ふ見識もない。けれども余は余丈けの信仰が有りて実践して行く考へであるから夫れを書て見たのである。何れ読者諸君の反対もあり御笑ひを受ける事であろー。[illegible]余の大イに決心の存する所である。

本論　社会主義とは議論ではないと思ふ。一種の実践法である。或人は社会改良の預言者やと云ふて居るが余は[illegible]

大審院書記が書き写した『余カ社會主義』
(『大逆事件記録　第二巻　証拠部件』より)

成した原稿です。残念ながら、顕明存命中に公開されたものではありません。後、一九一〇（明治四三）年六月三日に家宅捜索を受け、その押収品となったものです。

また、『余カ社會主義』の原本は残っていません。現在では、大審院書記が作成した写ししかないのです。文中にかなりの誤字・脱字があり、また引用文にも誤りがあります。しかしこれらは、顕明の間違いなのか書記の書き写し間違いなのかはわかりません。注意して読まなければならない史料です。

この書の内容について顕明は、「余は余丈けの信仰が有りて、實践して行く考へでおるから夫れを書て見たのである」と執筆動機を書いています。

この書は、「何れ讀者諸君の反対もあり御笑ひを受ける事であろー」と書いていることからもわかるように、多くの人々に読んでもらおうと書かれたものでした。

文中には「或る人」という表現があります。これは「法主」または「新門」を指しています。泉恵機の研究(1)では、大谷派「法主」を「或る人」と表現しているのは、「法主」を公然と批判できないという事情によるとしています。「生き仏」である「法主」を批判することは、大谷派の最高法規「宗制寺法」に違反し、処罰を受けることになるからです。しかし逆に言えば、『余カ社會主義』を公表しないならば、「或る人」ではなく「法主」と書けばいいはずです。ここから公開を予定していたことがわかります。だから、この書を記すのは「大イニ決心のある所」なのです。

では、どこで発表するつもりだったのでしょうか。これは想像ですが、『平民新聞』へ投稿するつもりだったのではないでしょうか。

想像する理由は、まるで社会主義的でない内容なのに「社会主義」を名のっていること。しかし、社会主義に無知ではないことを説明していること。真宗大谷派「法主」を「或る人」と表現していること。そして『余カ社會主義』の中に、「平和の福音」というキリスト教の言葉を使っていること。そして「読者諸君」と呼びかけていることです。

顕明が「社会主義」を使ったことについては、これから内容を見ていくことで紹介していきます。

『余カ社會主義』で顕明は、カール・マルクスの社会主義ではない、トルストイの日露戦争に対する非戦論ではない、片山潜や堺利彦(古川《こせん》。文中の「枯川」は誤り)、幸徳秋水ら社会主義者たちとも違う、と主張します。つまり、少しは社会主義を知っていることを宣伝しています。

そして「平和の福音」という言葉。実は、『平民新聞』に、内村鑑三の著『平和の福音』の書評が掲載されているのです(2)。顕明が『平民新聞』の読者であり、内村鑑三を尊敬していると同時に、『平民新聞』読者に好評を得たことも知って、引用した言葉ではないでしょうか。読者を喜ばせることを記すのも、掲載のためには必要な手段だと考えます。

(1) 泉恵機「高木顕明復権」『大逆事件は生きている』真宗大谷派四国教区教化委員会編集・発行 二〇〇九(平成二一)年六月二四日
(2)『平民新聞』一九〇三(明治三六)年一一月一五日『史料近代日本史・社会主義史料 平民新聞(一)』

『余カ社會主義』の構成

『余カ社會主義』の構成は、信仰の対象を①教義②人師③社会、と三つに分けています。そして信仰の内容を、①思想回転②実践行為、の二つに分けて考えています。

「教義」とは、仏教の教え、真宗の教えという意味です。顕明の言葉としては、

南無阿弥陀佛であり升。此の南無阿弥陀佛は天笠《ママ》(天竺—筆者注)の言で有りて真ニ御佛の救済の声である　闇夜の光明である。絶対的平等の保護である。智者にも學者にも官

吏ニも富豪にも安慰を與へつゝあるが　弥陀の目的は主として平民である。愚夫愚婦に幸福と安慰とを與へたる偉大の呼び声である。

となります。「絶対の平等」がその核心というのです。

「人師《にんし》」は、「理想の人」のことです。まず釈尊（お釈迦さま）をあげています。釈尊はシャカ国の皇太子の地位を捨て出家し、人々の「抜苦與楽《ばっくよらく》」（苦しみを抜き、楽を与える。「慈悲」と同義語）のために一生を送り、その臨終では鳥や獣も嘆き悲しんでいる。これはつまり「霊界の偉大なる社會主義者」であるというのです。

もう一人「人師」をあげています。浄土真宗の宗祖親鸞です。親鸞は「御同朋御同行《おんどうぼうおんどうぎょう》」（念仏の仲間のこと。丁寧語の「御」をつけることで、指導者とその信者、というような差別をしていないことがわかる）といっていることや、「僧都法師の尊さも僕従者の名としたり」[1]と、「高僧」も卑しいものである、といっていることに注目しています。これは、立派な者と卑しい者と、人間を分けて考えないということです。だから顕明は、親鸞を「彼れは實ニ平民ニ同情厚き耳ならず、確ニ心零界の平等生活を成したる社會主義者であろーと考へて居る」というのです。

そして釈尊と親鸞の人生から、「佛教は平民の母にして貴族の敵なり」と考えることになったといっています。

次に「社会」について。「社会」とは、人間社会を指しているのではありません。極楽（浄土）の世界を指しているのです。極楽は「理想世界」であり、「余は極楽を社會主義の實践場裡であると考へて居る」といいます。極楽は、阿弥陀如来と菩薩《ぼさつ》・行者《ぎょうじゃ》・衆生《しゅじょう》が差別されていないと説明します。

その根拠がいくつか紹介されています。その中でも注目したいのは、「弥陀が百味の飯食なら衆生も百味の飯食なり。弥陀が應法妙服なら行者も應法妙服なり」という部分です。阿弥陀如来が百種類の食事をするならば、極楽の住人たちも同じ食事をする。阿弥陀如来が仏教の衣装を着るならば、極楽の住人も同じ衣装を着る、という意味になります。

浄泉寺の生活で、顕明は貧しい人々と深い関係を持っていました。貧しい人々の生活不安は、衣食住に集約されるでしょう。顕明は極楽を説明するのに、衣食が満たされていることを記した部分を重視しているのです。貧しい人々とともに生きていた顕明の姿勢、顕明の願いが表れています。「極楽土とは社會主義が實行せられてある」と結びます。『余カ社會主義』は、社会主義の論文ではなく、『余カ浄土真宗』という内容のものでした。

信仰の内容については、釈尊の教え、阿弥陀如来の呼びかけを感じること（思想回転）。そして次にそれをこの世の中で実践することだといいます。極楽世界という理想社会と、現実の社会を対比させ、現実社会を肯定するのではなく、理想世界のための実践を訴えているのです。

顕明は抽象的な文章を書き進めはしませんでした。具体的に現実社会を批判しています。それは特に「反戦」・「反差別」に表れています。それは大変厳しい内容となりました。

（1）親鸞「愚禿悲嘆述懐和讃」の「五濁悪世のしるしには　僧ぞ法師という御名を　奴碑撲使になづけてぞ　いやしきものとさだめたる」を書き換えている。『真宗聖典』　真宗大谷派出版部　一九七八（昭和五三）年一〇月三〇日

反戦

一九〇四（明治三七）年二月一〇日、日露戦争が始まりました。顕明の『余カ社會主義』は、開戦八カ月後の一〇月四日に完成しています。顕明にとっての最大の関心事は日露戦争だったのです。

顕明の反戦は、まず「教義」の部分に登場します。「教義」と正反対である戦争の現実を批判しているのです。その批判は三つに分けられています。

○實に絶対過境の慈悲である御佛の博愛である。此を人殺のかけ声ニしたと聞て喜んで居る人々は唯だあきれるより外ハない。斯ふして見ると、我国には宗教と云ふ事も南——佛と云ふ事も御訳りニ成た人か少なひと見へる。

「我国」とあるのは、顕明が考えて選んだ表現でしょう。天皇・大臣・軍人・官僚・国民。

いずれも、仏の慈悲と博愛を〝人殺《ひとごろし》のかけ声〟にした人はいないはずです。そうしたのは僧侶たちのはずです。ここは「我が教団」というのが正確な言葉だと思います。顕明は発表を考えていたわけですから、やはり大谷派からの処罰を警戒していたのでしょう。

○詮ずる処余ハ南無阿弥陀佛には、平等の救済や平等の幸福や平和や安慰やを意味して居ると思ふ。尓し此の南────佛ニ仇敵を降伏すると云ふ意義の発見せらるゝであろー歟。

大谷派には「現世利益」の儀式は存在しません。それは日露戦争の最中でも変えられることはありませんでした。ですから「南無阿弥陀佛ニ仇敵を降伏すると云ふ意義」は、当時の大谷派もはっきりとは主張していません。しかし、「仇敵降伏」の儀式は、新宮に存在していました。沖野の小説には、新宮の仏教会が「敵国降伏の戦捷祈祷を執行する事になつた」(1)とあります。この文章は顕明の新宮仏教会に対する批判と考えられます。顕明は、新宮の戦捷祈祷に一人反対し、参加しませんでした。この文章には、事実・現実と向き合う顕明の姿勢が見えてきます。

同様の怒りは、「実践」の部分にもありました。「戦勝を神佛に禱る宗教者があると聞ては嘆せざるを得ぬ。否ナ哀れを催し御機之毒に感じられるのである」とあります。顕明の嘆きがはっきりと見えるのです。

ここで顕明は、「平等の救済」「平等の安慰」と「平等」を繰り返しています。なぜでしょうか。それは「敵国」「仇敵」という考えを否定しているのではないでしょうか。つまり、日本人もロシア人も平等といいたいのではないでしょうか。仏教には「怨親平等《おんしんびょうどう》」という言葉があります。人は、敵・味方を区別します。しかし阿弥陀仏は差別なく平等視しているのです。「敵国」というのは、人間の都合で決めたこと。「平等」であるならば「敵国」は存在しない。ゆえに戦争もありえない。「平等」であるがゆえに戦争を否定する、これが顕明の反戦思想の核になっていたのでしょう。

次は大谷派への厳しい批判です。

○余は南條博士の死るハ極楽ヤッツケロの演説を両《に》三回も聞た。あれは敵害心を奮起したのであろー歟。哀れの感じが起るではないか。

南條博士とは、前述した大谷派僧侶南條文雄のことです。ここでも事実・現実と向き合う顕明の姿勢が見えてきます。新宮の現実と大谷派の現実。どちらも僧侶の手により仏教がねじ曲げられています。いずれも顕明の怒りと悲しみが強く感じられる文章です。

顕明は現実を批判すると同時に、反戦の理由も述べています。それは「社会」を説明した部分にありました。

○極楽世界には他方之国土を侵害したと云ふ事も聞かねば、義の為ニ大戦争を起したと云ふ事も一切聞れた事はない。依て余は非開戦論者である　戦争は極楽の分人の成す事で無いと思ふて居る。（しかし社會主義者にも或は開戦論者があるかも知れん）（此は毛利柴庵を意味す）。

極楽の世界では、阿弥陀仏が他の仏さまの極楽を侵害したということはない。正義の名の下に戦争をしたこともない。だから私は「非開戦論者」である、というのです。極楽往生を求める者、つまり仏教徒は戦争をするべきものではない、と主張しているのです。当たり前の表現で、当たり前のことを主張しています。しかし、その当たり前が問題となる日本であり、仏教界であり、大谷派だったのです。

（1）前掲　沖野岩三郎「われ患難を見たり（四）」

反差別

平等であるから反戦。当然顕明の平等観は、戦争以外の差別にも向けられています。

實に左様であろ　或一派の人物の名誉とか爵位とか勲賞とかの為めに一般の平民が犠牲となる国ニ棲息して居る我々であるもの　或は投機事業を事とする少数の人物の利害の為め

に一般の平民が苦しめられねばならん社會であるもの。富豪の為めには貧者は獣類視せられて居るではないか。飢に叫ぶ人もあり貧の為めに操を売る女もあり雨に打る丶小児もある。富者や官吏は此を翫弄物□視し是を迫害し此を苦役して自ら快として居るではないか。

権力のある者、金のある者という強者の存在と、貧しい者、女性、子供という弱者の現実です。同様な事実は他にも記されています。

大勲位侯爵ニ成りたとて七十ヅラして十七や八の妙齢なる丸顔《まるぽちゃ》を翫弄物にしては理想の人物とは云はれんであろ。戦争に勝たと云ふても兵士の死傷を顧ざる将軍なれば我々の前には三文の価値もない。華族の屋敷を覘ひたと云ふて小児を殴打した人物等は實に不埒千万ではないか。

新宮で貧しい門徒や被差別部落の門徒と歩んでいた顕明。その視線は、『平民新聞』の報道などから日本全体の弱者へ向けられていたのでした。

「反戦」と「反差別」の訴え。それは仏教徒の立場から出たものでした。だから「反戦」と「反差別」は表面的なものでしかありません。顕明が伝えたかったものは「平和」と「平等」なのです。仏教の教えを伝えたかったのです。「社会主義」ではなく「浄土真宗」を伝えたかったのでした。それを「社会主義」と名づけたのは、掲載してもらうためのことだったかも知れません。

『余カ社會主義』の結論に先立った部分は、顕明の言葉をそのまま紹介するに止めたいと思います。

此の闇黒の世界に立ちて救ひの光明と平和と幸福を伝道するは我々の大任務を果すのである。諸君よ願くは我等と共に此の南――《（ママ）》佛を唱へ給ひ。今且らく戦勝を弄び万歳を叫ぶ事を止めよ。何となれば此の南――佛は平等に救済し給ふ声なればなり。諸君よ願くは我等と共ニ此の南――佛を唱へて貴族的根性を去りて平民を軽蔑する事を止めよ。何となれば此の南――佛は平民に同情之声なればなり。諸君願くは我等と共ニ此の南――佛を唱へて生存競争の念を離れ共同生活の為めに奮励せよ。何となれば此の南――佛を唱ふる人は極楽の人数なればなり。斯の如くして念佛に意義のあらん限り心零上より進で社會制度を根本的に一変するのが余が確信したる社會主義である。

「開戦論の証文」

『余カ社會主義』の結論は、親鸞の消息（手紙）について論述されています。

終りニ臨で或人が開戦論の証文之様ニ引証して居る親鸞聖人の手紙之文を抜出して、此の書が開戦を意味せる歟、平和の福音なる歟は宣しく讀者諸君の御指揮を仰ぐ事とせん。

「或る人」は大谷派「法主」「新門」です。「法主」らは親鸞の言葉を使い、日露戦争への協力を布教していました。その言葉とは、

御消息集四丁の右上略　詮じ候処ろ御身に限らず念佛申さん人々は我か御身の料は召思さずとも朝家の御為め国民の為め念佛申し合セ給ひ候はゞ目出度候べし。往生を不定に召思さん人は、先つ我往生を思し召して、御念佛候へし我が御身の往生一定と思召さん人は佛の御恩を思し召さんに御報恩の為に御念佛心に入れて申して世の中安隠なれ佛法弘まれと召思すべしとぞ覚へ候」已上。

この文章の「朝家の御為め国民の為め」が戦争協力の根拠とされてしまったのです。

それに対し顕明は、

嗚呼疑心闇鬼を生ずである。如上の文は平和の福音なるを人誤てラッパの攻め声と聞きたるか。或は陣鐘陣太鼓の声なるを予が誤りて平和の教示なりと聞きたるか。讀者諸君の御

裁決に任すとせん。

と「読者」に呼びかけます。そして顕明自身は、

尓し余は幸なりラッパも陣鐘も平和の福音と聞けばなり。多謝〳〵南無阿彌陀佛。

と、「平和の福音」であるとの受け止めを表明したのでした。

顕明は、自分の信仰と実践を人々に伝えたいと考えたのです。もちろん、それは僧侶としてあたりまえのことかもしれません。しかし、間違った信仰があるという現実。間違った実践をしている人がいるという現実。間違った社会。それを批判し、それと対極の立場に立ちたいという決意がそうさせたのでしょう。

与謝野晶子

句会を楽しんでいた顕明にはあこがれの人がいました。歌人与謝野晶子です。与謝野晶子（鳳晶子）は、一九〇一（明治三四）年八月一五日に『みだれ髪』を刊行します。これ以後、雑誌『明星』の中心メンバーとして活躍していきました。そして与謝野鉄幹と結婚し、改姓したのです。

顕明の歌人与謝野晶子へのあこがれは、並大抵のものではなかったようです。あこがれが高じて、女性与謝野晶子への想いが募っていきました。

ホトトギス

歌人晶子ガ好キナンデストドクトル大石氏ニ云ウト漸クシテ伊作ニ傳エタラシク西村伊作ガ歌人晶子ノモットモ肥ッタ時ニ描イタモノガアルノデ表装スレバ良カロウトイッテドクトル大石氏ガ貰ラッテクレタモノデアル早速大事に表具スル由傳エテ下サイト申シ上ゲテ最高ノ京表具ヲスル事約して頂戴スルコトニスル歌人晶子ト逢ツタコトハナイガ身近ニ感ジル肖像画感涙スル表装出来上ガツテ感極マリ想ウバカリデアルココニ有程ヲ記スルコトニスル

遠松拝

これは浄泉寺に伝えられている与謝野晶子肖像画の裏書です。もちろん顕明の自筆です。顕明は、友人大石誠之助に晶子へのあこがれを語ります。大石が甥の西村伊作(1)にその話を伝えると、西村は自分が描いた晶子の肖像画をプレゼントしてくれたのです。顕明は「最高ノ京表具」をし、その完成には「感涙」した、と記しているのです。(顕明さん、貧乏だったくせに「最高ノ京表具」とは……。)

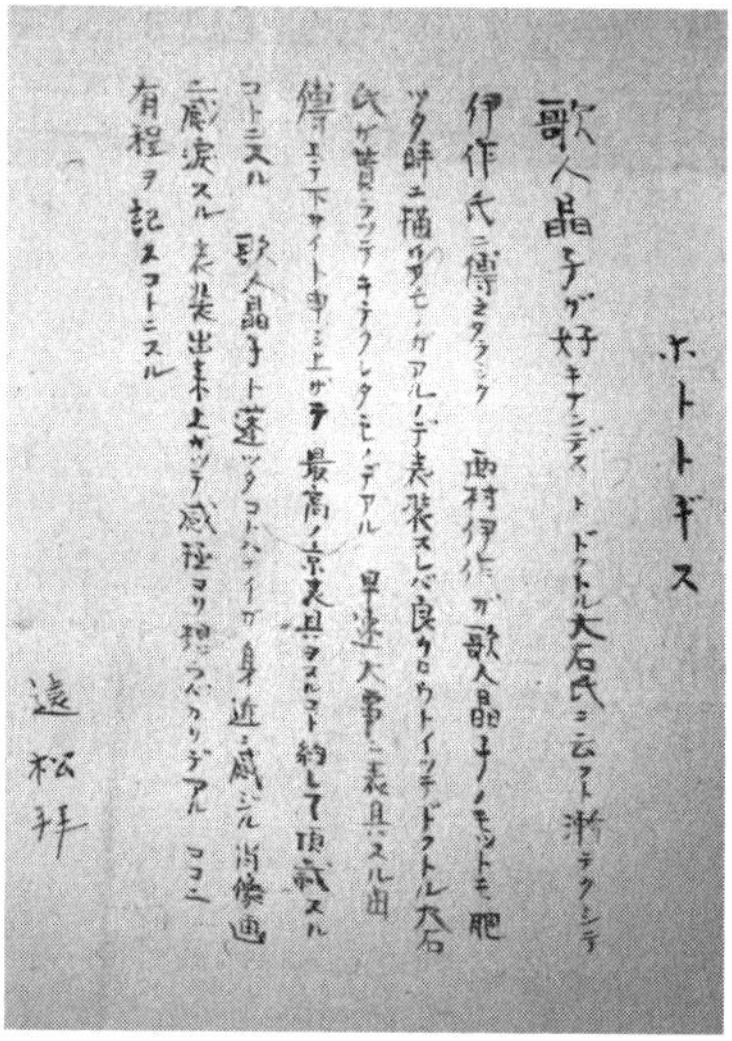

ホトトギス

歌人晶子ガ好キナンデス　トドクトル大石氏ニ云フト漸テクシテ
伊作氏ニ傳ヱタラシク　西村伊作ガ歌人晶子ノモットモ肥
ツタ時ニ描イタモノガアルノデ表装スレバ良カロウトイウデドクトル大石
氏ガ貰ラッテキテクレタモノデアル　早速大事ニ表具スル由
傳ヘテ下サイト申シ上ゲテ　最高ノ京表具ヲスルコト約シテ頂戴スル
コトニスル　歌人晶子ト逢ッタコトハナイガ身近ニ感ジル肖像画
ニ感涙スル　表装出来上ガッテ感極ヨリ想ウベカリデアル　ココニ
有程ヲ記スコトニスル

遠松拝

大石誠之助の甥、西村伊作が描いた与謝野晶子の肖像画とその裏書。浄泉寺蔵

また次のような詩も残されています。これは現在の浄泉寺住職が表装をしたものですが、詩自体は顕明の自筆です。

忍ぶれど

晶子女史に逢って楽しや恋ごころ　話せば楽しや心ゆく知識あふれて　また顔みむとほのかにみめうるわしや　ほのぼのと女心の匂ふかぎりの天女を想はゆ　ああ人なりきまだみむ　夢の一夜一夜のさめやらでつのる想ひのときめきや

遠松

明治男性の純情です。明治時代はこのようなラブレターを書いていたのでしょうか。会ってもいない晶子への恋慕に満ち満ちた文章です。

しかし問題があります。顕明がたしいと同居し始めたのが一八九八（明治三一）年。『みだれ髪』の発表が一九〇一（明治三四）年。ということは、これら二つの文章が書かれた時、顕明はたしと生活をしていたことは間違いありません。（たしにばれなかったのでしょうか……。もちろん、具体的な「不倫」をしたわけではありません。）顕明は、聖人君子ではなかったようです。

歌人晶子へのあこがれ。女性晶子へのあこがれ。しかしこの思いは、顕明の平和観にも影響を与えていくことになったともいえます。それは一九〇四（明治三七）年九月、晶子が『明星』に発表した反戦詩「君死に給ふこと勿れ」を発表したことです。この反戦詩の存在を知った時のことを、顕明は書き残しています。

記

ドクトル大石来たりて晶子先生が「おとうとよ」を発表した、君死に給ふことなかれ、大君自ら戦に出まさぬ、君死に給ふことなかれすごい迫真の文章の作品発表した、絶賛ものだ、近いうち伊作の處に来ると言って連絡来たらしい會とけよ、和尚聞いとるのか大聲で喋ってさっさとかえっていった。なんだか急いでいる様子のようまくしたてるのが得意で一理あり蓮如上人さま御名號寫していたがまたしてもうまくいかぬ

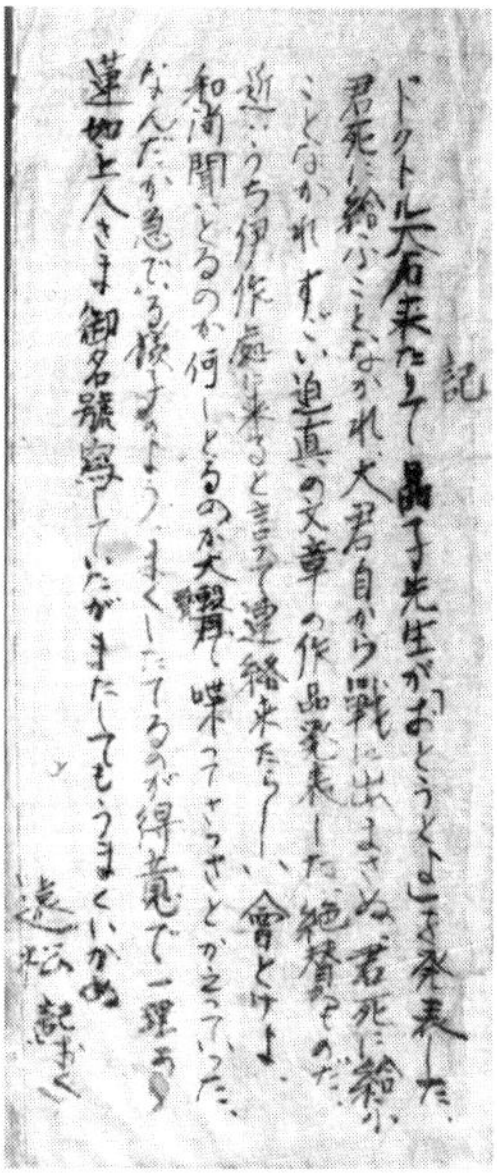

高木顕明の残した封筒へのメモ書き。浄泉寺蔵

遠松記おく

これは封筒の裏に書かれたメモ書きです。友人大石誠之助が興奮している様子が伝わります。わざわざメモを残すとは、顕明も興奮したのかもしれません。おそらくこの後、顕明も「君死に給ふこと勿れ」読んだことでしょう。

顕明が、平等と反戦の書である『余カ社會主義』を完成させたのが一九〇四（明治三七）年一〇月四日。その直前に出会ったのが、与謝野晶子の反戦詩だったのです。

（1）西村も大逆事件で家宅捜索を受けている。

募財拒否

明治時代の大谷派は莫大な借金を抱えていました。ただし、明治初期の借金はやむをえない事情もありました。東本願寺の「御影堂《ごえいどう》」（親鸞聖人の木像を奉安）と「阿弥陀堂」（阿弥陀如来の木像を奉安）、両堂とも一八六四年八月二一日（元治元年七月二〇日）に兵火により焼失してしまったのです。幕府と長州藩の戦争、禁門の変という戦争でした。実は、その六年前にも火災で焼失しており、再建した直後に再び焼失していたのです。その再建費用として多くの借金ができたということです。

この借金は一八九三（明治二六）年に償却が終わります。約三〇年間大谷派僧侶・門徒は借金に苦しんでいたのです。ところが大谷派の借金地獄は、これでは終わらなかったのでした。一八九六（明治二九）年一月二一日、大谷派は「教学資金積立法」を制定しました。これは一〇年間で三六〇万円の寄付を集め、布教活動と真宗学研究の資金に充てようとするものです。借金完済から三年後、またまた寄付を集めることを計画したのです。一体「お坊さま」は、門徒の生活をどう考えていたのでしょうか。もちろんお金の使い道は間違っていないでしょう。布教活動も研究活動も宗教団体にとっては大切なことです。しかし、間違ったことでなければ、門徒は犠牲になってもいいという考え方だったようです。前回の借金返済のための募財がうまくいったことから、こんな計画が出てきたのでしょう。しかし門徒たちは、結果として布教活動・研究活動の犠牲になったのではありませんでした。

同年、大谷派の負債が公表されます。四六万円という金額でした。活動のために寄付を募ると言っておきながら、実際は他に借金を作っていたことがはっきりしたのです。門徒たちは、布教費や研究費の犠牲ではなく、再び借金の犠牲者となっていきます。

一八九七（明治三〇）年年末までに負債額七三万円。一八九八（明治三一）年年末に八九万四〇〇円。一九〇一（明治三四）年一〇月一〇日には一九一万円の負債額が発表されます。そして翌年五月二二日には、負債額が二四八万円であることと、四二万円の支払不明金があることが明らかになりました。大谷派本山の乱脈経営がはっきりします。そして一九〇五（明治三八）年一月には、負債総額は約四二〇万円に達するのです。

例えば、一八九九（明治三二）年の本山収入は四一万円、支出は四七万円となっています。本山は無茶苦茶な経営をしていたことがわかります。ただ、この六万円程度の赤字を積み重ねただけでは、このような大きな負債にはならないはずです。負債は株式投資の失敗によるものが大きかったのです（1）。

顕明が浄泉寺住職だった時代。この本山の借金は浄泉寺とその門徒にも犠牲を迫ってきました。

顕明はこの本山からの募財を、住職として拒否し続けていました。浄泉寺門徒の生活を守るためでした。ところがある時、東本願寺から布教使が派遣されることになりました。ただ単にお説教を聞かせるための派遣ではありません。門徒からの寄付を集める事が主目的だったのです。顕明はことわりの手紙を本山に送ったのですが、布教使は既に出発した後だったようです。やむなく、顕明は布教使を受け入れました。

布教使の法話が終わると、浄泉寺の門徒たちは次々と本山への寄附を申し出ました。すると布教使は、いままで寄附が集まらなかったのは顕明の怠慢である、と顕明を責めました。その言葉を聞くと顕明は激怒します。

本山の命令であらうが、誰の命令であらうが、そんな事はどうでも宜い。他人から輕蔑されながら毎日卑しい仕事をして漸《やつ》と食ふや食はずでゐる連中から唯《たつ》た五十銭三十銭の金を貰ふといふ事でも、夫れは彼等の血を吸ひ取るやうなものだ。それに、彼の貧民窟から一度に百三十圓も四十圓も取奪《ひつたく》つて行くといふ事はなんといふ恐ろしい事だらう。撲なんどは其様な非道な事は思ふだけでも身の毛がよ立つやうに思うふ。君などは平氣で其の金が受取られますか、そんな事が慈悲忍辱を説く君の手で出來ますか。君、全體御本山の借金といふものは何の為に出來たんだい、夫れを眞實に信徒に打ち明けて言へるかい、夫れが言へなけりやあ、一厘金も僕の檀中から持つていく事は僕が承知しない。泥棒のやうに無理に夫れを持つて行つて見給へ僕には覺悟があるから

興奮して語る顕明に対し、本山布教使は覚悟とは何かを問います。顕明の答えは、

覺悟か、僕の覺悟といふのは、本山が其様に貧民の膏血を絞るやうな酷い事をするなら、彼の欅の丸柱を引切つて停車場で旅客の股焙りにするまでやつつけるんだ。

というものでした。本山布教使は顔を真っ赤にして「本気で言ったのか」と詰め寄ります。

本氣だ、本氣だからさう言ふのだ。僕は心から檀越が可愛ければこんな事を言ふんだ。君僕は既う檀中から一厘も貰はないで、按摩をしてでも自活しようと思ん《(ママ)》だ。僕には既う君達のやうな浮薄な説教は出來ない。君こんな事で御本山の將來が如何なると思ふ。株を買占めたり大損をやつたり、下らない事に手を出して……僕は本當に御本山の將來が案じられるから斯う云ふのだ。家内五六人が、一日に漸と四五十錢儲けて食ふや食わずに働いてゐる者から彼れだけの金を引奪るのは、あんまり酷い、あんまり苛い。(2)

高尾は涙を流しながら答えたと、沖野は記しています。本山の借金より、門徒たちの生活が大切だったのです。

鷲尾が集めた金額は、七〇円、または一三七円(3)といわれています。どちらが正確なのかはわかりませんが、かなりの金額であったことは間違いありません。

(1) 真宗大谷派教学研究所編『近代大谷派年表』第二版　真宗大谷派宗務所出版部　二〇〇四（平成一六）年三月三〇日
(2) 前掲　沖野岩三郎「煤びた提灯」
(3) 七〇円　前掲　沖野岩三郎「T、Kと私との關係」。一三七円　前掲　沖野岩三郎「煤びた提灯」

虚心会

ある時、新宮で被差別部落の人に対する職業差別事件が起こりました。差別されたのは浄泉寺の門徒でした。

事件のあらましを見てみましょう。キリスト教新宮教会の会員の玉置酉久という人物が、新宮町で初めて被差別部落の人を「日雇い」に雇いました。そして同じく教会員の二村隆二も、被差別部落の人を屋根板製作の職工として雇ったのです。

すると屋根板の工場の職工たちが、「新平を此の職場に入れてはならぬ」と言い、白昼に半鐘を鳴らして職工達を非常呼集したのです(1)。被差別部落の人と、同じ職業、同じ職場であることが我慢できなかったのです。当時としては、当たり前にあった差別事件といえるでしょう。

しかし教会員たちは、当たり前の差別事件として終わらせたりはしませんでした。被差別部落の人々と教会員との相互交流を始めたのです。「日雇い」を最初に雇った玉置は、後の大逆事件で家宅捜索を受けることになる人物です。キリスト教だけでなく社会主義の知識もあり、差別に否定的だったのでしょう。そこで顕明と相談し、親睦会を作り上げたのです。

この交流会は、「虚心会」と名づけられました。残念ながら創立の時期は不明です。しかし第二回、第三回の会合の記録があります。

第二回親睦会は、一九〇六（明治三九）年一月二七日に開催されました。参加者は四二名。双方の立場から五人が演説し、小説の朗読がありました。そして茶話会の席では「浄泉寺高木顕明氏の法話あり、玉置酉久氏の謡曲ありて中〳〵趣味多きものなりき」と報告されています(2)。

第三回は一九〇八（明治四一）年一月三日に開催されました。会場は浄泉寺でした。参加者は二〇名前後。新しく新宮教会に赴任した牧師の沖野も参加しています。大石誠之助は風邪で欠席、カンパ五〇銭を寄附しています。そして「浄泉寺檀徒の人数名」も参加しています。(3)

顕明が誘ったのでしょう。浄泉寺の門徒たちは、被差別部落の人と「同座スル事ヲ嫌ヒ」(4)という状況だったはずです。会場が浄泉寺ということもあるのでしょうが、門徒の参加は顕明の住職としての活動の大きな成果なのです。差別する者でも排除しない。否、差別する者も仲間として付き合う。顕明の僧侶としての姿勢が、結果を出しているのです。浄泉寺入寺以来の一〇年間。自分自身の差別とも戦う中で出来上がった顕明の姿勢です。

しかし虚心会は「差別する側」の問題より、「差別される側」の問題に注目するものだったようです。

当夜の話題となりしは矢張、この階級的陋習の事にて田中君、沖野君、中原君、高木君初吾等に於ても、気の毒なる〇〇諸君の今尚世間より受けつつある一種の隔ての幕を打破せんとするには、諸君の側に於ても各自互に相戒めて品性を高むることに力を致さるる事、児女をしてつとめて就学せしむる事尤も緊要なるべき事、もし夜学会様のものを起されなば吾等に於ても出席教授の労を辞せざるべしと語り且つ希望せるに諸氏に於ても大に感謝の意を表し居れり(5)

つまり、品性を高めて子供を学校に行かせなさい、と要求をしています。もちろんそれは正しい指摘でしょう。しかしそこには、品性を気にしていられない、子供を学校に行かせられない、という状況への批判はありません。このようなかたちで問題解決を図ろうとする考えを「融和主義」といいます。

しかし、顕明たちも自分たちの努力を怠っていたのではありません。学校に行けない子供たちのための夜学の先生を買って出ています。峯尾節堂の言う「穢多の子供を集めて、讀書を授けたり、御堂の賽銭を集めて筆・墨を買つて學生に與へたり」(6)という顕明の事実は、この時に決められた夜学会の様子を記したものでしょう。

虚心会の記録は二回分しかありません。少し強引な判断とは思いますが、年に一度の親睦会という程度のものだったのでしょう。厳しい言い方ですが、この会に差別撤廃の力はありませんでした。

沖野の小説には高尾（顕明のこと）の言葉として、

『虚心會といふ會が出來てゐました。しかし私は彼の會にも不賛成です。虚心平氣でお前達に交際してやるぞ！といふ態度に出られては矢張り軽蔑せられたのと同じ事です。教會の人達の頭の中にも依然として私の檀中を一段下に見る古い習慣が残つて居るのです。頭の中では排斥して置いて外面だけ體裁善く交際するといふのは夫は少々偽善……先ァ偽善ですな』(7)

と書いています。

ただ、これは顕明の言葉ではないかもしれません。失礼ながら、顕明にはここまで本質を見抜く力はまだなかったように感じるのです。発言冒頭には「會が出來ていました」とあります。顕明は会の設立に尽力した人です。「會が出來ていました」とは言わないはずです。しかし沖野が新宮教会に赴任した時、会はすでに存在していました。「會が出來ていました」と発言できる立場です。この発言、おそらく沖野の考えを書いたものなのでしょう。

しかしそんな限界を持ちながらも、顕明たちはジリジリと歩みを進めていたのです。一九〇九（明治四二）年一〇月一六日には、「風俗矯正に關する講話会」が新宮で開催されています。これは「特種部落改善の方法を講ずる目的」で巡回していた和歌山県警察部詰巡査部長黒澤精一が新宮に来たことで開催されたのです。出席者は数十人。新宮町長の挨拶、黒澤の講話。そして顕明の謝辞で閉会しています(8)。顕明は行政の融和主義にも協力していたのでした。これは少しでも差別が改善されれば、という願いなのでしょう。

（1）「沖野岩三郎書簡」『平出修集　第二集』春秋社　一九六九（昭和四四）年六月一日
（2）前掲『牟婁新報』一九〇六（明治三九）年一月二〇日
（3）「小野日記」にみる町とくらし」新宮市史史料編編さん委員会編『新宮市史　史料編下巻』一九八六（昭和六一）年三月一〇日
（4）前掲　藤林深諦「大谷派調査員の報告（復命書下書き）」
（5）前掲「「小野日記」にみる町とくらし」
（6）峯尾節堂「我懺悔の一節　わが大逆事件観」神崎清編『大逆事件記録　第一巻』實業之日本社一九五〇（昭和二五）年六月一五日
（7）前掲　沖野岩三郎「日記を辿りて」
（8）『熊野新報』熊野新報社　一九〇九（明治四二）年一〇月一八日　＊注「特種部落」は差別用語

廃娼

沖野と顕明の最初の出会いは、沖野が新宮教会に赴任した直後のことでした。ある時、顕明が沖野の教会を突然訪ねます。沖野は顕明の風貌を、「色の小黒い、顔の圓い、眉の長い、そして眼の細い、少し仰向いて物を言ふ癖のある、四十一二の僧侶」と紹介しています。顕明の訪問理由は、新宮にできた遊廓についての相談でした。顕明は沖野に「力を借りたい」と話を切り出しました。
御承知の通り、此町へ近頃始めて遊廓が出来まして、風儀が大變悪くなりました。伯爵といふ位のある知事様の許可なすつた事に對して、吾々風情が苦情を申出たところで、どうせお取上げの無い事はわかつていますが、どうせ此儘《このまま》にして置くワケには行きません。そこで私は斯う言ふ事を考へたのです。元来遊廓が存在するのは遊びに行く男があるからで、娼妓ばかりを憎むのは片手落ちな話です。ですから、遊びに行く男の邪魔をするといふ事が一番近道だと思ひます」

沖野は具体的な実行方法を尋ねます。

夫は何でもない事です。私の寺の檀中有志とあなたの教會員との有志とが、毎朝疾くから、あの遊廓の附近に出かけて行つて、朝歸りの連中を一々手帳に控へて、そして吾々團體の名で忠告状を出すのです。それで聞入れない時は其の親なり妻君なりに手紙を出すのです。それでも聞入れないなら、其男の私行を素破抜いて記事を新聞に投書するのです。どうせ一つや二つは頭を殴られる覚悟ですが、私に斯んな計畫があるといふ事を御考慮のうちに入れて置いて下さい。そして御賛成を願ひたいのですが……(1)

と顕明は答えました。

顕明は『余カ社會主義』の中で、「貧の為に操を売る女もあり雨に打たる、小児もある。富者や官吏は此を玩弄物視し是を迫害し此を苦役して自ら快として居るではないか」、また「大勲位侯爵に成たとて七十ヅラして十七や十八の妙齢なる丸顔《まるぽちゃ》を玩弄物にして理想の人物と云はれんであろ。」と二カ所で女性について触れています。この沖野との対話は一九〇七（明治四〇）年のことですが、顕明が貧しい女性を被害者と見ていたのは、少なくとも一九〇四（明治三七）年からのことであると判断できます。

沖野にとって、この顕明との初対面は強い印象として残ったのでしょう。大逆事件直後、顕明の弁護士となった平出修《ひらいでしゅう》にも「新宮町に置娼問題が起こつた時、高木君は町内の実業派に反抗して廃娼説を唱へた」（2）と手紙で伝えています。

しかし顕明の主張は実現しませんでした。別の小説には、この場面の続きが記されています。顕明は沖野とあった日の朝、実際に遊廓の近くへ行き、そこから出てきた学校教師を目撃したというのです。沖野は顕明に問います。

高尾さん、あなたは今朝見た人達の所へ最《も》う一々通知してやりましたか。

顕明は、

いゝえ、まだ其所《そこ》までは實行しないのです。あんたの所の教會員の青年達にも應援して貰ふ心算《つもり》なんです……

と答えます。この答えで、沖野は、顕明の問題点を発見したようです。沖野は言葉にはしなかったけれども、こう言いたかったと書いています。

直接行動なんて言ふが、矢張り君も空想家なんだ。其様《そん》な決心があるなら同志を募るも應援して貰ふも無いもんだ。どし〳〵と其の家庭へ葉書を送つてやれば宜《い》い。世の中の事は總て不言實行に限るよ。(3)

この時、顕明は運動の実践者ではなく、運動の「空想家」だったのです。「自分でする」活動ではなく、「人にやらせる」運動。つまり、自分は人に指示・指導できる、と考えていたのでしょう。顕明の「お坊さま意識」が表れています。沖野が質問をした時、「高尾は失望したような面地《おももち》で私の顔をぢろ〳〵眺めてゐた」といいます。自分を「指示者・指導者」と認めなかった沖野への不満が見て取れます。

顕明は名古屋で培った「お坊さま意識」を新宮で徐々に抜き、捨て去っていった人物です。

しかし「お坊さま意識」は簡単に抜ききれるものではなかったようです。日露戦争への反戦。顕明は一人で実践していました。「指導者・指示者」ではありません。実践者でした。虚心会・談話会でも実践者でした。その実践が、悪しき自信につながっていったということでしょうか。

顕明は沖野に対し、遊廓設置をめぐる政治腐敗もきびしく指摘していきます。しかし最後には、「先ァ私共の考へでは腐る所まで腐らするんですナ。とても生優しい改良の改革のと騒いだ所で駄目ですよ」と投げやりな発言で結んでいます。沖野は「彼は今遊廓へ出入りする者の名前を書留めて一々其の家庭へ通知しようと言つたかと思へば、直ぐ腐らす所まで腐らすより外に途は無いと言ふのを聞いた時、此人も矢張り私と同じやうに宿命と自由との両途に足を掛けて苦しんで居る人だと思つた」[4]と感想を記しています。「宿命と自由」とは、「現実と理想」ということでしょう。顕明は、自身の弱さにも気づかされたことでしょう。気づいていたことでしょう。

結局、顕明の計画は実行されることはありませんでした[5]。「お坊さま意識」のしつこさ、顕明の弱さが見えてくる事実でした。

しかしこの顕明の「廃娼」への気持ちは、どこから来たのでしょう。沖野の小説を見てみましょう。少し長いですが「高尾」、つまり顕明のセリフです。

今朝私は葬式に行つて御經を誦んで來たが、これは遊廓の女郎でナ。岡山産れの女で小菊と云つて以前此町で酌婦をしてゐた女なんだが、北山病院で昨日死んだのださうな。病院では最う餘命がないと云つて小菊の出て居た野本楼へ電話を何回もかけたが誰も見に來てやらなかつたさうな。小菊は死ぬ時に『お父さん、赦して下さい、お母さん赦してください』ッて云い續けたさうな。昨日の朝七時過に息を引取つたのださうなが、さァ死んだ後で楼主が引取らないいんだッて。病院長がうんと談判したので漸やッと十時頃に荷車を持つて屍骸を引取りに來たといふ事だ。可哀想に荷車へ積んで歸つたのたせッて。夫れも行旅死亡人として町役場へ引渡すんだなんて言つたさうなが、廓内の女郎達が五銭十銭出し合つて五圓あまりのお金を造つてね、先ァ一通りの葬式をしてやつたのさ。私にも五十銭だか一圓だお布施を包んで呉れたが、どうも貰ふに忍びなかつたから返して來ました。(6)

「頭で考えた」ものではありません。犠牲者との出会いから出てきたものです。人と出会い、考える。これが顕明の姿勢でした。そして一歩一歩進んでいこうとしたのです。

(1) 前掲　沖野岩三郎「われ患難を見たり（四）」
(2) 前掲『平出修集　第二集』
(3) 前掲　沖野岩三郎「日記を辿りて」　文中、高木顕明は「高尾明道」、浄泉寺は「光明寺」とされている。
(4) 前掲　沖野岩三郎「日記を辿りて」
(5) 前掲　沖野岩三郎「T・Kとわたしの関係」

(6) 沖野岩三郎「山鼠の如く」『煉瓦の雨』福永書店　一九一八(大正七)年一〇月一日

浄泉寺談話会

顕明は大石誠之助との関係を「両三年前浄泉寺ニ於テ学術講演會ガアリ、大石モ出席席シマシタ。其頃ヨリ懇意ニシテ居リマス」(1)と語っています。そして、「三十九年大石、徳美ト私ノ三人相談シ談話会ヲ開キ社會主義ノ人モ其以外ノ人モ来會シテ居リマシタ」(2)と説明をしています。もちろん、顕明と大石とはこれ以前からの交際はありました。しかしこの「談話会」開催を通じて、より関係が深まっていったのです。

まず、史料で確認できる浄泉寺の「談話会」を見てみましょう。

一九〇八(明治四一)年六月一九日
　大石録亭談話会。大石誠之助「大内青巒論」・森近運平「金儲の秘訣」　聴衆四、五十名　森近運平の話を警官が筆記。ただし、開催場所は不明(3)

一九〇八(明治四一)年七月三日
　談話会。沖野五点(岩三郎)「素人演劇に就て」・大石録亭(誠之助)「学者の煩悶」(4)

一九〇八(明治四一)年七月二四日

通俗学術演説会。田中福太郎「石鹸の話」・若林利次郎「所感を述ぶ」・清水壽榮蔵「音楽に就て」(5)

一九〇八(明治四一)年八月三日
談話会。幸徳秋水の講演

一九〇八(明治四一)年八月二四日
談話会。山本秀煌ら数名による宗教談(6)

一九〇八(明治四一)年一〇月九日
談話会。大石録亭「自然法と人為法」・沖野五点「真理の行衛」(7)

一九〇八(明治四一)年一一月六日
談話会。高木顕明「佛教の見地よりしたる労働者」・大石録亭「欧州法律史論」・沖野五点「泉式部と小式部との人生観を比較す」大石録亭「欧州法律史論」大石の演説を臨席の警官が中止命令を出す(8)

一九〇八(明治四一)年一一月二五日
談話会。高木顕明「講談無我の愛」・沖野五点「長根歌に現はれたる白楽天の人生観」(9)

一九〇八(明治四一)年一二月一八日
談話会。互味会を開催(10)

一九〇九（明治四二）年一月六日
　文芸講演会。高木顕明「講談　谷間の蘭」・沖野五点「絵本太閤記尼ケ崎の段評釈」・大石録亭「囚はれたる人生」(11)

　新聞記事には「毎月第一及び第三の金曜日を以て例会となし居る談話会」(12)という記述があり、ここに確認できるものは開催のごく一部ということになります。ただ、前に述べたとおり、一九〇八（明治四一）年一二月一八日の「互味会」は勉強会ではありません。参加者が一人一品食べ物を持ち寄り、それを参加者全員で食べる宴会のことです。要するに忘年会ということになります。当時の新宮では、面白い形の宴会が催されていたようです。

　ここで登場した講師たちを確認してみましょう。大石禄亭とは誠之助のことです。沖野五点は岩三郎のこと。いずれも雅号で紹介されています。そしてこの中で社会主義者として内務省にチェックされていたのは、幸徳秋水・森近運平の二人だけでした。二人とも大逆事件で死刑となっています。しかし、他の講師の顔ぶれ、そして講題を見て判断できることは、決してこの談話会の目的が社会主義の流布にあるものではなかったということです。警察官による中止命令は大石誠之助「欧州法律史論」の一度だけだったことからもわかります。

　大石の講演が問題になったのは、大石が「法律の必要及び其最も必要者たるものは富豪者に在り」と語ったことです。法律は貧者のためにあるのではなく、金持ちを守るためにある、というのです。これは書物からの引用した言葉なのですが、警察は「治安に害を與える」、「談話会の性質に反し政談演説として目すべきものなり」とされて中止を命じたというものでした[13]。談話会は、今でいう文化教室のような役割を主な目的としていたのでしょう。

また、おもしろいのは顕明による「講談無我の愛」です。これは元真宗大谷派僧侶の伊藤証信が発行していた雑誌『無我の愛』を盗作したものでしょう。流行に飛びつく顕明の性格が見て取れます。

(1)「證人高木顕明調書」山泉進 蔵
(2) 前掲「證人高木顕明訊問調書」
(3)『熊野新報』熊野新報社 一九〇八(明治四一)年六月二一日
(4)『熊野新報』熊野新報社 一九〇八(明治四一)年七月三日
(5)『熊野新報』熊野新報社 一九〇八(明治四一)年七月二四日
(6)『熊野新報』熊野新報社 一九〇八(明治四一)年八月二四日
(7)『熊野新報』熊野新報社 一九〇八(明治四一)年一〇月九日
(8)『熊野新報』熊野新報社 一九〇八(明治四一)年一一月六日『熊野実業新聞』熊野実業社 一九〇八(明治四一)年一一月八日
(9)『熊野新報』熊野新報社 一九〇八(明治四一)年一一月二四日
(10)『熊野新報』熊野新報社 一九〇八(明治四一)年一二月一八日
(11)『熊野新報』熊野新報社 一九〇九(明治四二)年一月六日

（12）『熊野実業新聞』熊野実業社　一九〇八（明治四一）年一一月八日
（13）『熊野実業新聞』熊野実業新聞社　一九〇八（明治四一）年一一月八日

三人の社会主義者

それでは、談話会に参加した社会主義者たちを紹介しましょう。

森近運平は、一九〇七（明治四〇）年六月一日、大阪で半月刊の『大阪平民新聞』を創刊します。これは翌年五月二〇日に廃刊となりますが、社会主義の新聞でした。新宮へは新聞廃刊直後に来訪したのです。新宮に来訪した頃、森近は出版法並びに新聞紙条例違反として裁判で係争中でした。『大阪平民新聞』に掲載された「農民ノめさまし」が国から問題とされていたのです。判決は禁固一カ月。一九〇八（明治四一）年七月八日、大阪監獄に収監されます(1)。

幸徳秋水も監視されていました。幸徳は、当時の社会主義の指導者の一人でした。内務省警保局の調べでは、一九〇八（明治四一）年七月二二日に高知を出発し、八月一四日に東京へ到着したとあります。新宮へは東京への途中立ち寄ったのです(2)。

一九〇八（明治四一）年八月三日、浄泉寺談話会で幸徳秋水の講演がありました。しかし事前の新聞記事には「大石誠之助外数名」(3)とだけあり、幸徳秋水の名前はありませんでした。開会は午後七時の予定でしたが人の集まりが悪く、八時過ぎの開会となりました。有名な社会主義者幸徳秋水の講演ということで、普段は参加しない人まで集まっていたようです。新聞記事にはならなくとも、噂は広がっていたのでしょう。司会予定者は大石誠之助。しかし遅刻をしたため、開会の挨拶は沖野岩三郎が勤めました。

講題は「社會主義より見たる自然主義観」でした。「極く沈着なる態度」での話で、「自然主義は一種の虚無主義無政府主義とは異形同質のもので、何れにも革命的理想は炎々として、包まれて居る様に思はれる」というものでした。そして各国の社会主義の特徴を述べ、いずれも無宗教主義であるという結論でした。その後、大石、沖野、顕明と「宗教と社会主義」などの談話の交換があり、十時に閉会。新聞記事は「其筋より敢て政談に渡らざる事の注意」があったため、忌憚のない意見交換にはならなかったことが残念である、と報じました(4)。

(1) 幸徳秋水全集編集委員会編『大逆事件アルバム』日本図書センター 一九七二(昭和四七)年四月二〇日

(2) 前掲 神崎清『革命伝説 大逆事件の黒い謀略の渦』参考

(3)『熊野新報』熊野新報社 一九〇八(明治四一)年八月三日

(4)『熊野新報』熊野新報社 一九〇八(明治四一)年八月六日

親鸞聖人御遠忌

一九一一年(明治四四)年は、親鸞の六五〇回忌に当たります。六五〇回忌とは、没後六四九年のことです。仏教は現在でも「数え」で年を数えます。亡くなった人の三回忌は満二年、七回忌は満六年で法要を勤めています。

大谷派では、親鸞（宗祖）・蓮如（八代目）について、没後五〇年おきに「御遠忌」（大谷派では「ごえんき」と読む）を勤めます。本山だけでなく、順次末寺の大多数も勤める「大法要」なのです。

これに先立つ二年前、顕明が住職である浄泉寺で親鸞聖人の六五〇回忌が厳修されました。一九〇九（明治四二）年一月二七日の『熊野新報』には、「親鸞上（ママ）人六百五十回忌　本年は親鸞上人六百五十回忌に相當する由にて當町馬町浄泉寺に於ては布教使伊藤専稱の來錫を乞ひ明廿八日より七日間朝夕説教を為すといふ」という記事が掲載されています。翌日の『熊野実業新聞』には、

> 來ル一月廿八日ヨリ七日間朝夕宗祖見真大師六百五拾忌
> 　説教　伊藤専稱
> 右執行可仕御参詣相成度候也
> 　浄泉寺

（1）

という広告が掲載されています。

七日間朝夕の説教だけという行事は、御遠忌としては大変こじんまりとしたものだと思いま

す。必要な経費も、説教者への謝礼が最も大きいものでしょう。顕明は、浄泉寺門徒に必要以上の負担をかけることのないように実施したのです。

この事実は、顕明の親鸞への敬慕を証明するものだと思います。顕明は、門徒に余計な負担をかけない生活をしていました。しかしそのような中でも、親鸞聖人御遠忌だけは勤めたかったのです。そして新聞広告まで掲載し、一人でも多くの人に親鸞の教えを伝えたかったのです。

（1）「見真大師」は親鸞の諡号《しごう》。

浄泉寺後継者

浄泉寺御遠忌の布教使伊藤専稱《せんしょう》は、顕明とはこの時だけの関係ではありませんでした。浄泉寺の後継者候補だったのです。候補だったから御遠忌に来たのか、御遠忌に来て候補となったのかはわかりません。しかし、大逆事件の取り調べで「其方ハ既ニ後住ヲ定メタテハナイカ」という質問に対し、「伊藤専唱ナル者ヲ私ノ養子ニ貰ヒ後住ニセントシマシタ」と答えています。「稱」と「唱」の違いがありますが、これは裁判所の書き間違いで同一人物と見て間違いないでしょう。

しかし伊藤は後継者とはなりませんでした。一九〇九（明治四二）年一〇月、顕明は伊藤を後継者にすることをあきらめました。

顕明は、「伊藤ハ月収六十円位ナクテハ住職ニナラヌトカ其他暴慢ナ事ヲ言フ為メ私ノ家族及門徒等トノ折合モ宜敷ナイ」から計画を中止したと述べています[1]。「月収六十円」とは伊藤も大きく出たものです。ただこれはあくまで空想で何の根拠もないのですが、伊藤は浄泉寺の後継者になるのがいやで、お金の問題にこだわったのではないでしょうか。浄泉寺の収入は、顕明家族の生活を支えていました。伊藤はまだ若く独身であったと思いますが、伊藤が入寺し結婚すれば、二つの家族を支えるだけの収入は無理だったでしょう。伊藤もそれを心配していたのではないでしょうか。

（1）「被告人高木顕明第二回調書」大逆事件の真相を明らかにする会『大逆事件訴訟記録・証拠物写（第五巻）』近代日本史料研究会　一九六二（昭和三七）年三月一五日

名聞を好む

名古屋時代のコンプレックスの名残なのか。それとも僧侶にありがちな体質なのか。新宮でも顕明は「名聞」（名声を求めること）に惑わされていた人物です。

宗派は違いますが、臨済宗僧侶峯尾節堂も名聞に惑わされていた人物でした。だからこそ、顕明の名聞を求める姿勢に気づいていたようです。彼は、大変厳しい指摘を残しています。顕明は「大いに矛盾性に富んだ人間」だというのです。

此人元来至極の平和好きで有りながら、どうしたものか兎角声誉を好み、人と異を立て寄（「奇」）を弄して之れを喜ぶといつた風な傾向が大に有った。人に穢多寺といわる丶事を大に心外に思ふてゐたらしく、随つて地方一部の名望家たる大石氏の宅に出入りするを稍〃私等と同じ意味合ひで大に之を光栄としてゐたのではないか知らん。尤も之は私の想像だが、中らずと雖遠からずといつた正直の処だらうと思ふ。

顕明は、被差別部落の人々と親しく付き合いながらも、自分が被差別部落民と見られることに耐えられなかったのです。これは新宮時代の顕明のコンプレックスでした。このコンプレックスもあって、医師である大石誠之助との交流を喜んでいたと言うのです。
また顕明は、僧侶としての名聞にも惑わされていました。本山への募財拒否をしていた顕明。本山の僧侶が募財したことに激怒していた顕明。しかし後述する六五〇回忌募財の結果、本山からご褒美が来るとその様子は変わります。

大金を本山に奉納して寺格や自己の僧官を昇進させて、美々しき法服などを作つて之れを着装ふて町を其披露に歩き廻ったと云ふやふな事実も有る。(1)

というのです。沖野も同様な記述をしています(2)。

ただ、事実としては「寺格」の昇進はありません。「寺格」昇進は、もっともっと高額な金額が必要だからです。では「自己の僧官の昇進」はどうでしょうか。

逮捕された時、顕明は「満位《まんい》」という階級でした(3)。これは顕明の大谷派教師としての階級です。僧侶としての階級は、また別に定められています。

大谷派教師の階級は、上位から「大僧正《だいそうじょう》　権大僧正《ごんだいそうじょう》　僧正《そうじょう》　権僧正《ごんそうじょう》　大僧都《だいそうず》　権大僧都《ごんだいそうず》　僧《そう》都《ず》　権僧都《ごんそうず》　律師《りっし》　権律師《ごんりっし》　法師位《ほっしい》　満位《まんい》　入位《にゅうい》」となっていました。顕明は下から二番目です。

では、いつ階級が上がったのでしょうか。断定はできませんが、浄泉寺時代に上がったとも考えられます。階級を上げるには、本山への寄附金が必要です。六五〇回忌募財によりその権利ができ、申請したとも考えられます。顕明は、僧侶としての名聞も嫌いではなかったようです。

（1）前掲　峯尾節堂『我懺悔の一節』「穢多」は差別用語。
（2）前掲　沖野岩三郎「T、Kと私との關係」
（3）「被告人高木顕明調書」　前掲　大逆事件の真相を明らかにする会『大逆事件訴訟記録・証拠物写（第五巻）』

「社会主義伝導」の事実

顕明自身が「按摩になつて傳導」と語ったのは、一九一〇（明治四三）年七月七日の田辺での証人尋問の時でした(1)。

按摩となって社会主義伝道をするという計画については、顕明の友人たちも証言しています。かつて新宮で歯科医院を開業していた、京都の山路二郎の一九一〇（明治四三）年九月一一日の聴取書では、一九〇八（明治四一）年七月に「按摩ニナツテ伝道スル」と語ったと述べています。何日間かはわかりませんが、七月七日まで顕明は京都に滞在し、山路の世話になっているのです。山路は「數日滞在」したと言っています(2)。

沖野の小説によれば、顕明の「按摩伝道」の話題は、浄泉寺での談話会が始まってからのようです。「われ患難を見たり」と「日記を辿りて」では談話会開始後と記述しています。「煤びた提灯」の記述では日露戦争中となっていますが、沖野と顕明の出会いは日露戦争後です。「煤びた提灯」の記述は創作と考えてよいでしょう。

浄泉寺「談話会」は、一九〇八（明治四一）年七月から翌年一月にかけて開催されています。山路の言葉と沖野の小説は、一致しているといえるでしょう。

また顕明の新宮での友人成石平四郎は、顕明が按摩になっての社会主義伝道について尋問されています。成石平四郎は大逆罪で逮捕され、死刑になった人物です。予審判事の尋問に対し、「夫レハ昨年十月以後ノ事テス已ニ後ノ住職モ定マツタノテスカ高木ノ妻等カ異義ヲ言ヒ中止シマシタ」(3)と答えています。

これらの事実から考えると、顕明が按摩をすることを口にしていたのは、一九〇八(明治四一)年から一九〇九(明治四二)の秋ということになります。

一九〇八(明治四一)年は、顕明が最も社会主義者らしく振る舞っていた時期です。「按摩ニナッテ伝道スル」と言うのもわかります。自分を立派に見せたいという顕明の性格が、このように言わせたのではないでしょうか。

一九〇九(明治四二)年の按摩についてでは、金銭的な問題からの発言だと思われます。顕明はお金が必要でした。一つには、寺の後継者ができると布施収入だけでは生活できなくなること。そしてもう一つは、本山の宗祖聖人六五〇回御遠忌の募財です。顕明が布施収入以外を求めていたのは、門徒に現状以上に布施を求めることをしたくなかったからと思われます。

一九一〇(明治四三)年春、顕明は名古屋へ向かいます。その帰路、京都の徳美松太郎(夜月)と山路二郎を訪ねます。顕明は、名古屋訪問の理由を「共進会」(5)の見物と説明したようです。でもこれは顕明の見栄で、実際は民間薬製造を教わるための訪問だったのではないでしょうか。沖野の小説によれば、顕明はハンセン病の治療薬を売り出そうと計画していたのです(6)。

顕明は徳美と山路に、「紺地金泥ノ法華經三巻」の売却を相談しています。顕明は「千圓以上ノ價値」と考えていましたが、紹介された店では「百圓位」といわれ、結局売却しませんでした(7)。おそらく名古屋時代、日蓮宗僧侶清水梁山に弟子入りしていた時に入手したものでしょう。その売却計画は、顕明がお金を必要としていたことがわかります。

お金が必要であり、按摩や売薬を計画した顕明。それを「伝道」などと見栄を張ったばかりに、後に大逆事件で利用されることになってしまうのです。

（1）「證人高木顕明尋問調書」前掲　大逆事件の真相を明らかにする会『大逆事件訴訟記録・証拠物写　第八巻』

（2）「山路二郎聴取書」前掲　大逆事件の真相を明らかにする会『大逆事件訴訟記録・証拠物写　第五巻』

（3）「被告人成石平四郎調書」前掲　大逆事件の真相を明らかにする会『大逆事件訴訟記録・証拠物写（第五巻）』「「共進会とは」

（4）「徳美松太郎聴取書（第弐回）」前掲　大逆事件の真相を明らかにする会『大逆事件訴訟記録・証拠物写（第五巻）』

（5）共進会―産業博覧会。一九一〇（明治四三）年三月一六日から六月一三日まで、名古屋で第一〇回関西府県連合共進会が開催された。

（6）前掲　沖野岩三郎「煤びた提灯」

（7）「山路二郎聴取書」「徳美松太郎聴取書（第弐回）」前掲　大逆事件の真相を明らかにする会『大逆事件訴訟記録・証拠物写（第五巻）』

大谷派は従来の負債に加え、親鸞聖人六五〇回忌御遠忌の募財を始めました。御遠忌とは、五〇年ごとに行われる大法要です。大谷派として最大の行事となります。六五〇回忌御遠忌は一九一一（明治四四）四月一八日から二八日まで行われました。この予算については、一九〇七（明治四〇）年五月五日に二七八万円[1]と決められました。それが一九〇八（明治四一）年六月一二日には、五〇〇万三一一四円六六銭二厘に増額された予算が発布されます[2]。そして、一九〇八（明治四一）年一二月一五日に三八五万円と減額されました[3]。まだまだ乱脈経営が続いていたようです。

新聞には、「本願寺の不法　信徒の迷惑」という題の批判記事が掲載されます。そこでは、

> 東西兩本願寺が全國各地に於て寄附金を強請する状態は、實に惨憺を極めつゝある（略）。本山の強請手段は飢饉の災厄に遭遇したるよりも精神的苦痛一層大なりと云ふ。[4]

といわれるほどでした。一九一〇（明治四三）年五月には、とうとう内務省から大谷派の募財に干渉が入っています[5]。国に睨まれるほどの募財活動をしていたようです。

かつて本山の借金返済のための募財に激怒した顕明。しかし六五〇回忌の募財には協力するつもりだったようです。

一九一〇（明治四三）年一二月二〇日ごろの大谷派による顕明の調査報告書の下書きが残さ

れています。この調査の主目的は「大逆犯高木顕明」についての調査ですが、そこに六五〇回忌の募財についての記述もあるのです。この調査を担当した藤林深諦は、

宗祖六五〇回御遠忌志上納金ノ点〔ニ付〕顕明此事予テ大ニ懸念致シ〔ニ付〕積金ノ策ヲ講シ既ニ一昨年ヨリ大字c門徒エ熱心ニ奨励シテ積金令メ其積金今回小生計五十円也領収帰所致尓ル時ハ顕明ナル者モ愛山護法心有ル者ナラン

と、顕明のような者でも御遠忌には本山のために尽くす、と報告しています。

この募財について顕明は、「僧侶のためのお金」ではなく「親鸞のためのお金」と考えたのだろうと思います。顕明という人は、悲しいくらい「お人よし」だったことがわかります。御遠忌の予算の変遷だけを見ても、本山の乱脈経営体質はなにも改まっていなかったのですから。また、お金に余裕がないのに浄泉寺でも六五〇回忌を勤めています。本山への六五〇回忌募財も、本山僧侶への不信より、親鸞への敬慕の方が強かったということかもしれません。だから門徒たちも協力していたのでしょう。

この時、浄泉寺に義務付けられた募財金額（割当。「かっとう」）は一八〇円でした。そのうち五〇円を顕明は逮捕されるまでに整えていました。では残り一三〇円はどうなったのか。それも調査報告書に記載されています。実はこの調査員が、浄泉寺への出張ついでに集めていた

のです。

この事実の評価に迷っています。顕明についての調査という大きな仕事のついでに、本山への寄付を集めるということを、どう考えればいいのでしょうか。

一つには、顕明をかばうための行動と考えられます。御遠忌の募財は、きちんと収めないと罰則が用意してあるはずです。しかも、時効はないのです。だから、逮捕されている顕明の代わりに募財し、顕明の苦労を減らそうとしたとも考えられます。釈放された後、募財に苦労しなくても済むからです。つまり、藤林が顕明のため、浄泉寺のために努力した、と考えることができます。

逆も言えます。顕明が逮捕された以上、浄泉寺では募財が集まらない。それでは本山が困る。だから、役に立たない住職に代わり、本山のために募財した。とも考えられるのです。

藤林は大谷派の本山職員でした。とすれば、本山のために活動した人物です。しかし、浄泉寺の門徒は二〇円ほど超過して募財しています。そしてこれとは別に、親鸞聖人の「御影（仏壇内に荘厳する親鸞の姿絵）」を一〇名が求め、この上納金が一〇〇円あったのです(6)。この事実は、藤林が無理やりに浄泉寺門徒から、お金をかき集めたのではないことを証明しています。とすれば、やはり顕明のためだったというべきでしょうか。

（1）『宗報』 本山文書科 一九〇七（明治四〇）年五月二五日

（2）『宗報』　本山文書科　一九〇八（明治四一）年六月二五日
（3）『宗報』　本山文書科　一九〇八（明治四一）年一二月二五日
（4）『牟婁新報』　一九一〇（明治四三）年二月二四日
（5）『望月仏教辞典　年表編』　世界聖典刊行協会　一九五五（昭和三〇）年二月二八日
（6）前掲　藤林深諦「大谷派調査員の報告（復命書下書き）」
なお、史料中〔　〕・（　）は資料集編集者による記号。〔　〕は藤林による追記。（　）は藤林による訂正の部分。

社会主義者からの影響

顕明と社会主義の出会いは、日露戦争直前のことでした。新聞『萬朝報《よろずちょうほう》』が非戦論から開戦論に移り、幸徳秋水・堺利彦・内村鑑三が抗議の退社をします。顕明は、この三人の非開戦論に大きな共感を覚えたのでした。特に内村鑑三の主張に賛同していたと顕明は語っています。そして、『平民新聞（週刊）』『直言』『光』『平民新聞（日刊）』という社会主義新聞を購読していました。証人訊問で「(社会主義を)研究致シマシタ」というのは、この新聞購読のことを指しているのでしょう(1)。

しかし顕明にとっては、新聞からの社会主義が重要だったのではなく、人を通じての社会主義が重要だったのです。沖野の小説では、顕明の発言として、……これは随分困難な問題です。どうしたつて我々の頭から誤つた階級思想を根本から打砕かねば、彼等をも自分と平等に思ふ事は出来ません。私も永年仏説阿彌陀經を誦んで生活をしました。西方極樂浄土へ行けば貴賤貧富の区別の無い事も説きました。しかし私の頭では矢張り彼等を汚いもの、やうに軽蔑してゐましたけれども、近頃大星さんや鳴野さんと御交際するやうになつて、全然私の思想を覆されました。(2)

と語っています。大星は大石誠之助、鳴野は成石平四郎のことです。高木は、大石や成石という人間からも階級の打破を学んでいたのです。

しかしこの学びは、厳しさも生み出していました。一九〇九（明治四二）年九月、峯尾節堂は、京都医科大学に入院していました。彼は入院直前、大石たちとの交際を断っていました。顕明は新村から、峯尾は社会主義を止めた、と聞いたようです。「新村カラ君ハ娼妓ノ如ク藏替エシタト云フテ来タ之カラ本山ノ汚役人ニ阿諛シテ出世シ給へ」(3)という葉書を入院中の峯尾に送ります。峯尾は臨済宗の僧侶です。大石たちとの交際を断つということは、世間の僧侶のように本山に従うだけの僧侶になる、と考えたのでしょうか。だから「本山ノ汚役人ニ阿諛シテ出世シ給へ」という言葉になったのかもしれません。しかし病人に言う言葉ではないとは思いますが。

（1）前掲「被告人髙木顕明調書」
（2）前掲　沖野岩三郎「日記を辿りて」
（3）「峯尾節堂聴取書」前掲　大逆事件の真相を明らかにする会『大逆事件訴訟記録・証拠物写　第八巻』

信仰生活の確立

沖野の小説には、顕明が社会主義への関心が薄れ、信仰の生活に戻っていった様子が書かれています。沖野は「リバイバル」と呼んでいたようです。

その時期はいつか。大きな関心を持ちます。沖野の小説を元に考えてみましょう。

四十三年の春であつた。私は一人の大學生を伴れて彼れの寺院を訪問した時、彼は種々と宗教問題を語つた末に。

『どうしても南無阿弥陀佛だ、絶對に信頼すると云ふ信仰でなければ救はれない。私も以前のやうに南無阿弥陀佛を唱えませう。』

（略）

其後私が彼を訪問した時、彼と彼の妻と八つになる養女とが、食前に南無阿弥陀佛と合掌して唱へて居るのを見た、(1)

また、違う小説では、一九〇八（明治四一）年のことと書いていますます[2]。つまり、浄泉寺での親鸞聖人御遠忌の前年のことと記述しています。また、顕明はお布施を遠慮することをやめ、ありがたく受け取るようにもなっていきました。

いずれにせよ、親鸞聖人の御遠忌が、顕明の生き方に深く関わっていると考えられます。

（1）前掲　沖野岩三郎「T、Kと私の關係」

（2）前掲　沖野岩三郎「われ患難を見たり（四）」

第三章　顕明と大逆事件

大逆事件のはじまり

一九一〇（明治四三）五月二五日、長野県松本警察署は、爆弾所持の現行犯として宮下太吉を逮捕しました。これが大逆事件の発端となるのです。

すでに宮下は、前年の一一月三日に爆弾の実験に成功していました。翌年正月、宮下は東京へ行き、幸徳秋水、管野スガ、新村忠雄と爆弾を話題にしています。

一月二三日には、管野スガ、新村忠雄、古河力作の三人が、天皇への爆弾の投擲を話題にしていました。この時、幸徳秋水には実行させないことも話し合われています。

これらが「事実としての大逆事件」です。現在ならば、爆発物取締法違反という程度の事件といえるでしょう。

五月三一日、大逆事件の関係者が起訴されていきます。幸徳秋水、管野スガ、新村忠雄、新村善兵衛、古河力作、そして宮下太吉の六名です。善兵衛は新村忠雄の兄です。善兵衛は、事情を知らないながらも爆弾製造に協力したという容疑でした。

拡大される大逆事件

事件はここで終わるはずでした。当時の『時事新聞』の報道でも、

検挙者はわすか七人、騒ぐにあたらず〔明治四三年六月五日〕

社会主義者取締り（有松刑保局長談）今回の社会主義者犯罪事件は、事、予審中に属するを以って、事件の内容を語ることあたわざれども、検挙せられたる披告人は僅々七名に過ぎずして、事件の範囲は極めて狭少なり、騒々しく取り沙汰するはどの事にあらず。しかして従来政府の社会主義者に対する方針とする所は、なるべく彼等に対し圧迫的威力を用いず、勉めて懐柔手段を用いて、性善の本心に立ち返らしむるを以って方針としたり。(1)

とあります。しかし、事件はますます拡大していきました。それは国による意図的な拡大でした。国はこの「チャンス」を生かそうと、方針転換をしたのです。爆弾事件をきっかけに、社

会主義者とそのシンパへの大弾圧を実行していったのでした。

事件拡大のために最初に狙われたのは、新宮の大石誠之助でした。一時期、新村が大石宅に住んでいたこと。つまり、互いの関係が深いだろうと考えられたことが理由です。大石は六月三日に家宅捜索を受け、そして五日に起訴されているのです。

これ以後も事件の拡大は続きます。大逆罪で起訴されたのは、

六月一一日　森近運平（岡山）
六月二七日　奥宮健之（東京）
七月七日　髙木顕明（和歌山）
同　峯尾節堂（三重県）
同　崎久保誓一（三重県）
七月一〇日　成石勘三郎（和歌山）
七月一四日　成石平四郎（和歌山）
八月三日　松尾卯一太（熊本監獄収監中）
同　飛松與次郎（熊本監獄収監中）
同　新美卯一郎（熊本）
同　佐々木道元（熊本）

八月九日　　坂本清馬（東京）
八月二八日　武田九平（大阪）
同　　　　　岡本頴一郎（大阪）
同　　　　　三浦安太郎（大阪）
九月二八日　岡林寅松（兵庫）
同　　　　　小松丑治（兵庫）
一〇月一八日　内山愚童（東京監獄収監中）

の二五名となりました。これに加え、爆発物取締罰則違反で新田融が起訴されています。新田は新村善兵衛同様、爆弾製造という事情を知らないまま、協力してしまったのです。つまり、大逆罪で二四名、その他の罪が二名となります(2)。

この中に顕明以外にも僧侶がいました。臨済宗僧侶峯尾節堂と曹洞宗僧侶内山愚童です。また、佐々木道元は僧侶ではないのですが、浄土真宗本願寺派の寺院出身でした。

（1）明治ニュース事典編纂委員会『明治ニュース事典』毎日コミュニケーションズ　一九八六（昭和六一）年一月一五日

（2）前掲　神崎清『革命伝説　大逆事件　②密造された爆裂弾』参照

新宮グループ

これらの人々が逮捕されたことで、いわゆる天皇暗殺計画に加わった「新宮グループ」が存在していたことにされてしまいます。新宮グループは六名でした。

まずリーダーとしての大石誠之助。そして大逆事件以前より社会主義者として監視されていた成石平四郎。

成石平四郎は、中央大学の卒業で、熊野川の材木運搬などをしていました。一九〇七（明治四〇）年の一時期、浄泉寺に『牟婁新報』の支局を設け、仕事をしていたこともあります。大石の東京土産話を聞いたこと。また魚を取るためダイナマイトを所持していたことも重罪となった理由です。大石と共に死刑となっています。

成石勘三郎は平四郎の兄です。薬を売っていました。大石と新村忠雄との宴会で、革命談義に対し「やるべし、やるべし」と酔っ払って放言したことから大逆罪にされてしまいました。無期懲役で長崎監獄に服役し、一九二九（昭和四）年四月二九日に仮出獄しています。

峯尾節堂は臨済宗の僧侶でした。他の人々と一緒に、大石の東京土産話を聞いたことが逮捕理由です。無期懲役で千葉監獄に収監され、一九一六（大正五）年頃、獄中で「我懺悔の一節」を著しています。一九一九（大正八）年三月六日に病死。

崎久保誓一は、『紀南新報』や『牟婁新報』の記者をしていました。やはり大石の土産話を聞いたことが逮捕理由です。崎久保は顕明と共に秋田監獄に収監されます。そして一九二九

（昭和四）年四月二九日、仮出獄しています。

また、「新宮グループ」ではありませんが、明科事件の新村忠雄は一九〇九（明治四二）年の三月二九日（1）から八月二〇日まで、大石の医院で薬局生をしており、顕明とも親しく、新宮を離れてからも手紙を送ってきたりしています（2）。

（1）前掲　神崎清『革命伝説　大逆事件　①黒い謀略の渦』なお、濱田栄造は四月一日としている。『大石誠之助小伝』荒尾成文堂　一九七二（昭和四七）年五月二五日
（2）前掲　大逆事件記録刊行会編『大逆事件記録　第二巻　証拠物写』
（参考）前掲　幸徳秋水全集編集委員会編『大逆事件アルバム』日本図書センター　一九七二（昭和四七）年四月二〇日

家宅捜査

一九一〇（明治四四）年六月三日、浄泉寺は家宅捜索を受けました。この日、顕明は松沢炭鉱で法話をするため留守でした。そのため「同人ノ妻コト（四十二歳）」の立会い（コトは、たしの間違い）で行われたのです（1）。

この日、顕明は小山という布教使とともに松沢炭鉱に向かいました。顕明の法話については不明ですが、小山は「南無阿弥陀仏」と「一流」という題の法話をしています。新宮と松沢炭鉱の距離や移動手段。法話の回数が少なくとも二回あったことから、宿泊しての訪問ではな

かったでしょうか（2）。

捜索は九時一〇分に始められ、一〇時に終了しています。押収品は、

一　暴力ト無政府主義ト題スル書面　一枚
二　余ハ（ママ）社會主義ト題スル論文　壱冊
三　高木顕明宛ノ封状　三通
四　前同人宛の瑞（ママ）書　四枚（3）

でした。この日新宮では、大石誠之助、毛利柴庵、西村伊作、崎久保誓一、沖野岩三郎、玉置西久、平石増次、小倉米彦、天野日出吉が家宅捜索を受けていました（4）。

何日後かは不明ですが、顕明は帰宅後に警察に呼び出されたようです。後日の沖野と顕明の会話が小説に書かれています。

『沖野さん、あなたは警察で宗旨の事を訊かれましたか。』
『え丶、訊かれました。新教舊教かつて訊かれました。』
『僕には、あなたの一番有難いと思つてゐるのは何であるかと訊きましたよ。』
『さうですか。それで、あなたは何う答へましたか』
『僕は阿弥陀如來だと答へました。』
『それで、先方は何とも尋ねませんでしたか。』

『阿弥陀如來の外に尊いと信じるものはないかと念を押すので、僕は其他に何物もないと断言しました』

阿弥陀如来を絶対と受け止めている顕明を誉めるべきでしょうか。僧侶としては立派なことを言っています。しかし沖野は続けます。

『先方は別の意味で夫れを訊いたのぢやないでせうか。假令ば國民として最も尊しと信じてゐるといふような、國民としての常識を目的として訊いたので、そんな宗旨的の返事を要求したんぢやないでせう？』

家宅捜索は「宮下太吉外六名刑法第七十三条の罪の被告事件に付」行われたものです。「天皇暗殺」が大きな関心だったのです。〝阿弥陀如来だけが有難い〟ということは、〝天皇は有難くない〟という意味になってしまいます。顕明は自分の単純さに気づいたようです。

彼は愕然としたやうに顔を仰向けて、ぢつと私を見詰めたまゝ暫く黙つてゐた。其後彼は私に會ふたびに、警官の質問に對して答へた彼の答を氣にしてゐた。(4)

沖野は顕明について「性格が極めて単純で正直」、「失礼な話だが極めて浅い思慮の人で、感情的な正直な男である。」[5]と記しています。

（1）「家宅捜索調書」前掲　大逆事件の真相を明らかにする会『大逆事件訴訟記録・証拠物写（第五巻）』
（2）前掲　福本春松「髙木顕明ニ関スル事項内偵ノ義ニ付キ報告」
（3）「家宅捜索調書」前掲　大逆事件の真相を明らかにする会『大逆事件訴訟記録・証拠物写（第五巻）』
（4）前掲　沖野岩三郎「われ患難を見たり（四）」
（5）前掲「沖野岩三郎書簡」

大逆事件証人

顕明は家宅捜索を受けましたが、しばらくは何事もなくすごしていました。しかし六月末になると臨済宗僧侶峯尾節堂と共に、東京地方裁判所から証人としてよばれます。二〇日、峯尾節堂が出発し、顕明は二五日に新宮を出発しました[1]。

気の弱い顕明。しかしこの召喚を心配している様子はありませんでした。沖野の小説には、

八月の中頃であつた。彼は突然私の所を訪ねて來て、東京地方裁判所から證人として喚問があつたから行つて來るから、東京の友人に言傳はないか、買つて來て欲しいものはないかなどと親切に言つてくれた。[2]

とあります。この「八月中頃」というのは沖野の記憶違いでしょう。しかし東京裁判所の召喚に全く動揺していない顕明の様子が描かれています。

六月二八日、顕明の証言が行われました。氏名・年齢・身分・職業・住所を尋ねられた後、大石誠之助との関係から始まりました。

顕明は、大石と懇意になったのは、浄泉寺の談話会からと答えています。「何時頃カラ如何ナル関係デ懇意ニナツタカ」と問われたので、こう答えたのでしょうが、与謝野晶子についての会話は、日露戦争当時のことです。談話会以前から親しかったはずですが、たぶん、あまり親しくないことにしておきたかったのでしょう。

警察の取り調べを受ける顕明（沖野岩三郎「われ患難を見たり（四）」さし絵）

また、「大石ハ無政府共産ト云フ事ヲ主唱シテ居ナカツタカ」という質問には、「只社會主義者デアルト云フ事丈ケハ聞イテ居リマス」とだけ答えています。大石の思想を深くは理解していない、と言いたかったのでしょうか。大石の社会主義宣伝についても、「新聞等ニハ少シ書タ様ナコトガアルト思ヒマス」という程度のものと答えています。いずれにしても、大石は大した人物ではない、と語っているのです。これは顕明の本音でしょうか。それとも大石をかばおうというのでしょうか。顕明が余裕を持って対応する様子が見えてきます。

次の質問は新村忠雄に関することでした。新村については「自分ハ「アナキスト」デアルカラ直接行動ヲトル、ト申シテ居マシタ。夫レデ私ハ内乱デモ起スノカト思テ居リマシタ。」と、かばうような素振りはありませんでした。ただ、新村と大石の関係に就いては、「忠雄ハ自己ノ身上以外ニ何カ、大石ニ相談シタカ」という質問に対し、「夫レハ存ジマセヌガ、忠雄ノ申ス処ハ忠雄ノ一身上ニ関シ、大石ガ冷淡デアルノヲ主トシテ憤慨シテ居ル様ニ私ハ聞取リマシタ」と二人の関係に亀裂が生じた事実をはっきりと伝えています。やはり、大石をかばう意図があったのでしょうか。

大石誠之助から顕明に贈られた茶入れ。浄泉寺蔵

最後の質問は、顕明自身に関することでした。顕明は、社会主義者か、と問われると「社会主義研究」をしたと答えます。この頃の顕明としては、当然の答えだと思います。やはり、顕明は「社会主義者のシンパ」という程度の人でしょうから。

そして幸徳秋水と新村忠雄と交流があったことを述べた後、顕明の真宗観、社会主義観をはっきり主張します。それは家宅捜索で押収された『余カ社會主義』についての質問に表れています。

私ハ真宗大谷派ノ僧侶デス。夫レデ南無阿弥陀佛ノ信力ニヨリ心霊ノ平等ヲ得、之ニ依テ社會主義者ノ所謂平等ノ域ニ達セントシテ、議論ヲ書タモノデス。

この「心霊」というのは、「精神的」という意味でしょう。精神的に平等となり、その上で経済的にも平等になるべきだ、という主張です。

これに対して検察は、「夫レデハ、証人モ矢張リ終局目的ニ於テハ社會主義ト同様ノコトヲ云フノカ」と質問します。顕明は、「左様デス、尤モ私ハ宗教ニヨッテ其目的ヲ達セントスルノデアリマス」と先の主張を確認しています。どこまでも浄土真宗が中心だというのです。

顕明は社会主義を否定しているのではありません。社会主義との関係も否定していません。一つの理想を述べたものとして、評価をしています。ただ顕明は、仏教徒としての「平等」をひたすら希求していたということなのです。

この調書には、萎縮することなく事実を語る顕明の様子が記録されています。

もう一つ。最後に笑ってしまう証言がありました。それは家宅捜索で押収された「暴力ト無政府主義」という書類についての問答です。

三五、問、之ハ証人ガ持テ居タモノカ、
此時同号ノ一九八ヲ示ス、
答、夫レハ以前東京ヨリ無名ニテ送ツテ寄越シタモノデス。
三六、問、右書面中ニ鉛筆ニテ廣野與曽吉、久保善作ナル者ノ名前ガアルガ如何、
答、夫レハ私方ノ門徒ニテ、廣野ハ本山ヨリ阿弥陀様ヲ請ケテ呉レト依頼シ、久保ハ法要ニ来テ呉レヨト申シテ来リシニヨリ、何心ナク心覚ヘニ書イテ置キマシタ。(3)

顕明の持つ「暴力ト無政府主義」には、廣野與曽吉、久保善作という二人の名前が出てきます。検察としては、「社会主義者の一味か」と疑ったのでしょう。それに対する顕明の返事は、廣野の「仏壇の御本尊を東本願寺から下付してほしい」という依頼、久保の「法要をしてほしい」という依頼をメモした、というものでした。

メモ書きするということは、この「暴力と無政府主義」が机の上の目に付くところに常にあったということでしょう。顕明の社会主義とのつながりが見えてきます。社会主義を大切に考えていた証拠です。しかし、その社会主義の書類にメモを書いているということは、さほど大切な書類と考えていなかったと考えられます。しかもそのメモ書きは、仏さまに関するもの

でした。

この事実。顕明の真宗に対する態度、社会主義に対する態度。難しい理屈ではなく、はっきりと示しているのです。大変愉快に思える証言です。

（１）『牟婁新報』一九一〇（明治四三）年六月三〇日　前掲『復刻版　牟婁新報』
（２）前掲　沖野岩三郎「われ患難を見たり（四）」
（３）『調書　証人　高木顕明』山泉進蔵

証人から大逆事件犯人へ　お気楽一人旅

東京での証言を終えた顕明は、のんびりと帰宅したようです。六月二八日の東京での証言から七月七日の証人尋問まで、顕明の行動は空白となっています。

その空白を沖野の小説で埋めてみましょう。


東京へ着くと同時に裁判所へ出頭すると、極めて簡単な二三の訊問があつただけで、十七圓餘の旅費まで貰つて、『もう事件は一切これで終局だ。』と安心して、ゆる〳〵東京見物をして名古屋まで歸つた。そして、久しぶりで生家に兄を訪問して、賣藥製法の事やら、將來の生活安定策を打ちあけて話した。（１）

九日間の空白を埋めるには、納得できる話です。証言は穏やかに終えています。しかし緊張から解放され、ご機嫌だったに違いありません。新宮から東京への旅費は、木本から名古屋熱田までの船賃が一円八二銭。名古屋から東京新橋までの国鉄乗車券が二円七六銭(2)。往復でも一〇円以下です。旅館も一円もあれば宿泊できたはずです。一七円の旅費が支給されたというのが正確ならば、金銭的にも余裕のある旅になったということです。

東京から名古屋までは鉄道、そこから海路で新宮へ帰宅します。名古屋には、母親と実兄がいます。途中下車して会いに行くのは常識的なことでしょう。のんびり過ごしていても不思議はないと思います。

顕明の帰宅は七月六日だったようです。再び沖野の小説を見てみましょう。

　『お琴、今歸つたよ。』彼は玄関の式臺の上に荷物を置き乍ら、嗄れた聲で呼んだ。臺所で夫の歸りを待ちに待つてゐた彼の妻君は、玄關に飛んで出て、

　『まァ、どうして、そんなに遅かつたのですか。警察からAさんが（刑事）毎日々々五回も六回も、まだかまだかつて尋ねに來ますのよ。私は心配で心配で……』

（略）

　『さうか。では直ぐ此のま丶、警察へ行つて、東京ですつかり濟んで來た事を話してあげ

よう！』荷物を其のまゝに表の方へ出て行つた。彼の細君もそれを引きとめようとはしなかつた。

所が彼は、それつきり寺へは歸らなかつた。妻君は二三時間の後に警察へ行つて、まだ用事が濟まないのかと訊いてみると、彼は此町にゐないといふ悲しい答であつた。(3)

顕明の証人尋問は新宮で行われていません。田辺に送られて行われたのです。警察に出頭した直後に「此町にゐない」というところからも、沖野の小説は、事実の描写のように思えます。東京行きは顕明の人生で、最後の楽しい出来事だったのでした。そしてこの日が、浄泉寺との永遠の別れになったのです。

（1）前掲　沖野岩三郎「われ患難を見たり（四）」
（2）檜作荘八郎「諸費支払帳」　前掲『平出修集　第二集』
（3）前掲　沖野岩三郎「われ患難を見たり（四）」

証人尋問

六月三日、新宮では大逆事件の容疑で一斉に家宅捜査が行われました。そして五日、大石誠之助が大逆罪で勾引され、二八日、東京で顕明が証言をしました。顕明自身も、これ以上の事件拡大を予想していませんでした。しかしこの後、事件は大きく動いていくのです。

成石平四郎は、大石誠之助の逮捕後に友人湯川英一に対し、①政府を顚覆する。②そのために爆弾を使用する。③自分は自殺する。ということを話しました。このことは、大逆事件の拡大を狙っていた警察に絶好の機会を与えてしまったのです[(1)]。

平四郎は、六月二六日、爆発物取締罰則違反で起訴され、二八日に拘引状を執行されます。続いて、六月二九日から関係者に家宅捜索が入ります。そして七月一日に和歌山監獄に勾留されることになり新宮警察署から移送されました[(2)]。そして次の狙いは、顕明・峯尾節堂・崎久保誓一・成石勘三郎たち四名に移っていくのです。

一九一〇（明治四三）年七月七日・八日、顕明は和歌山地方裁判所田辺支所において訊問を受けました。前回の証人証言とちがい、和歌山地方裁判所田辺支部における証人訊問は、大変厳しいものでした。顕明有罪への道が始まったのです。先の東京での証言は、刑法第七三条違反についてでしたが、今回は成石平四郎爆発物取締罰則違反事件についての訊問です。最初に七日の訊問を見ていきましょう。

訊問は、氏名・年齢・職業・住所を聞かれた後、宣誓が求められました。宣誓書への署名・捺印が要求されています。宣誓は、「良心ニ従ヒ真実ヲ述ヘ何事ヲモ黙秘セス又何事ヲモ附加セサルコトヲ誓フ」というものでした。当時は黙秘権がなかったことに驚きます。

宣誓後、学歴と信教が尋ねられます。その直後、東京地方裁判所での証言の時とは、全く様子の違う訊問が始まりました。

質問は、「社會主義者ト為リタル由其来歴、主義等如何」というものです。社会主義者か否か、という質問ではありません。顕明は最初から社会主義者として決めつけられていたのです。顕明は取り調べの様子の違いに気がついていたでしょうか。東京の時と同様に、「主義ト云フ程テハアリマセヌガ研究致シマシタ」と答えます。

「真実ヲ申立テヨ」(3) これが顕明の答えに対する予審判事の質問でした。

(1) 和歌山県「秘 警秘第一六八九号 社会主義者陰謀事件検挙の顛末報告」塩田庄兵衛・渡辺順三『秘録・大逆事件(下巻)』春秋社 一九五九(昭和三四)年一〇月二〇日

(2)「拘留状」前掲 大逆事件の真相を明らかにする会『大逆事件訴訟記録・証拠物写(第五巻)』

(3) 前掲「證人高木顕明尋問調書」

弱虫顕明

「実ハ偽リデシタカラ御訂正願ヒマス社会主義者デアリマシテ」これが顕明の答えです。社会主義の新聞、書籍を読み、社会主義者と交流をした程度で社会主義者に仕立てあげられた顕明は、社会主義者を「自称」してしまったのでした。

顕明の弱さが出てしまいました。峯尾節堂は顕明について「一寸警察へ来いといわれても戦慄する底の弱虫」(1) と語っています。その「弱虫」が訊問の答えに表れているのです。

この問答、すでに顕明の有罪が決定付けられていることを示唆しています。有罪のための訊問、弾圧のための弾圧が始まったのです。いや、ここでもう終わっていたのかもしれません。顕明は裁判を待つことなく、予審判事により有罪を宣告された、と言えるような問答でした。

そして顕明は、一九〇九（明治四四）年一月に大石誠之助の自宅で行われた会合について話をします。この会合は、新宮で天皇暗殺を計画した会合とされてしまう出来事でした。

この会合についての日付はわかっていません。参加者は大石誠之助・高木顕明・峯尾節堂・崎久保誓一・成石平四郎の五名でした。事実としては、東京に出かけて幸徳秋水らと話したことを、大石が土産話として話しただけのことでした。参加者全員が、正確な日付を覚えていない程度の会合だったのです。また、明科の爆弾計画も一九〇九（明治四四）年六月六日に、宮下太吉が初めて口にしている話です。一月の段階では、大逆事件は計画すら全く存在していなかったのです。

顕明は、一月の会合で「将来ノ主義拡張方針ノ話ヲ致シマシタ」と説明します。予審判事は、どんな方針か、と尋ねます。顕明は「何カ将来事業ヲ起コスト云フヨウナコトデシタ」と答えます。予審判事に誘導されていく瞬間でした。

問　何ノ事業ナリヤ
答　判リマセン

問　左様ナル筈ナシ證人ハ曩ニ直接行動ヲ取ルベキ必要アリト主義者等ガ申シ居リタリト
ノコト故事業抔ノ話ニハアラスト思フ如何

予審判事は、「事業」ではなく「直接行動」の話をしたのではないか、と切り込んできたのです。弱虫顕明は敗北しました。「恐レ入リマシタ」と答えてしまうのです。予審判事は、では本当はどうであるか、と質問を続けます。顕明は、

（幸徳秋水が）東京ノ諸官署全体ヲ焼キ拂ヒ大臣等ヲ暗殺スル為爆裂弾ヲ使用シテ夫ヲ遣ロート言フテ居ルカ如何テアロート相談ヲをカケラレマシタ

と答えます。そして、成石・峯尾・崎久保と自分、つまり全員が賛成したと話します。成石・峯尾は「賛成ダ死ヲ決シテ共ニ遣ル」と言った。自分は、「按摩ニ為ツテ傳導ノ方ニ努メル」と答えたと言います。そして崎久保は、新聞記者になって鼓舞する側になる、と言っていたと証言するのです。(2)

なんだか、自分だけでも助かろうというような証言に見えてしまいます。しかし獄中で書かれた峯尾の証言では、顕明は大石の土産話を「黙然と聞いてをつたのみで、別に賛意を表した譯でもなく、尚私の記憶では其席で大石氏が一寸坐を外された時、同氏は僕の主義は平和主義

で暴力は厭だと明らかに、つぶやいてゐたやうに思ふ」(3)という態度でした。

悪口のようですが、大石は「他人ノ行動ニ付キ針小棒大ニ公表スルノ習癖」(4)がある人でした。幸徳の話を大げさに伝えたのでしょう。参加者もそれを面白がって聞いていたのでしょう。しかし顕明は、そんな「土産話」に対しても「平和主義で暴力は厭だ」とつぶやくような人物でした。

顕明はこんな証言も残しています。これは一九〇九(明治四二)年六月二二日から八月二〇日までの出来事です。成石平四郎が天皇暗殺についての話をしたというのです。ここでも顕明は、「私ハ念佛ヲ申シ其事ハ俺ノ宗教上ヨリ理屈ニ合ヌ」(5)と答えたというのです。顕明は、予審判事に自分が非暴力主義者であること、つまり仏教徒であることを懸命に主張していたのでした。弱虫顕明の唯一のよりどころは、仏教だったのです。

(1)前掲　峯尾節堂「我懺悔の一節」
(2)前掲「證人高木顕明尋問調書」
(3)前掲　峯尾節堂「我懺悔の一節」
(4)新宮警察署「素行調書」前掲　大逆事件の真相を明らかにする会『大逆事件訴訟記録・証拠物写(第五巻)』
(5)前掲「證人高木顕明尋問調書」

予審判事の狙い

判事は、新宮でも具体的な謀議があったことにするのが狙いでした。大石の「土産話」を「計画」にするための訊問を続けていきます。まず、天皇に対する会話の有無を尋ねます。会合では、天皇の話題がなければなりません。顕明は、「天皇ト明ニ話ハ出マセナンダ」と言いますが、「直接行動」の対象に天皇にも含まれていたと思っていた、と答えます。

その「直接行動」とは、「或ニ戦争ヲ起シ或ハ暴力ヲ以テ何カ行動ヲ為シテ主義ノ目的ヲ達スル様ニ働クノヲ云フ者ダト解シテ居リマシタ夫ヲ直接行動ト云フコトト解シマシタ」⑴というのです。これでは天皇暗殺を考えていたと取られてしまいます。

次にその実行時期を問われます。「土産話」ではなく、「計画」だったことにするためには、具体的な日時が必要ということです。これには、はっきりと日時は決まっていないが、「赤旗事件」⑵で逮捕された人たちの出所を待ってやろう、という話があったことを紹介しています。

もう一つ。爆弾です。天皇暗殺に必要な爆弾について。これについては、爆弾の入手方法と実行の機会について聞かれたのですが、「其辺ノ話モアリマセナンダ」⑶と答えます。

目的は「天皇暗殺」であり、実行の日時が決定されており、爆弾の入手方法も決まっていた。これが予審判事が誘導しようとした狙いだったことがわかります。しかし顕明の話からは、日時と爆弾の具体的な話はありませんでした。「直接行動」は、ただの話題でしかなかったということがわかるのです。

（1）前掲「證人髙木顕明尋問調書」
（2）一九〇八（明治四一）年六月二二日、東京神田で起きた社会主義者と警官のもみ合い。事件は偶発的なものであったが、荒畑寒村、大杉栄、なだめ役だった堺利彦、山川均ら社会主義者一五名が逮捕された。
（3）前掲「證人髙木顕明尋問調書」

新村忠雄との関係

この日の証人尋問では、新村忠雄についても多くの質問がされています。新村は、宮下太吉と爆弾製造を計画・完成させ、管野スガらと暗殺についての会話も行った人物です。「事実としての大逆事件」に関わった人物です。新村は、一九〇九（明治四二）年三月二九日（四月一日）から八月二〇日まで、大石誠之助宅に薬局生として滞在していました。

新村は、新宮滞在中に「直接行動」を何度も口にしていました。そこから一月の大石宅での「土産話」と結び付く可能性があるのでは、と考えたようです。

予審判事は、「新村ノ話ノ際如何ニシテ如何ナル時機ニ暗殺スルト申シ居タリヤ」と質問しています。具体的な時期が出てくることを期待したのでしょう。顕明の答えは「聞キマセナンダ」でした。

続いては爆弾についての質問です。

問　然ハ其頃爆裂弾製造又ハ手ニ入レル話或ハ使用スル時期等ノ話ハ如何
答　時期等ノ話ハ一度モ聞キマセンガ製造ノ話ハ聞イタコトガアリマス

それはいつのことかと聞かれると、大石宅に大石誠之助、成石平四郎・新村忠雄・峯尾節堂、そして顕明が集まった時のことだと答えました。予審判事は続けます。

問　其時　天皇暗殺其他爆裂弾ヲ使用スベキ場合ノ話出タルニ相違ナシト思フ如何
答　出マセナンダ
問　其話出ザルニ製造方《ママ》ヲ聞ク筈ナシ如何
答　仰ハ御尤モデスガ話ハ出マセンデシタ（1）

なんとか予審判事の狙いをかわす答えを続ける顕明の姿が見えてきます。この答えが事実だったのでしょう。しかし追及は始まったばかりでした。翌日、さらなる追及が待っていたのです。

（1）前掲「證人高木顕明尋問調書」

「直接行動」

証人尋問は翌日も続きました。最初は政府に対する意見を聞かれます。顕明は、前日の自分の主張を端的に答えました。

無政府社會主義テアリマシテ皇室ハ勿論官員等凡テ存在ヲ認メナイノテス「但阿弥陀アルノミ」

前日、顕明は社会主義者にされてしまいました。そんな状況でも顕明は真宗の信仰を主張し続けています。それが「但阿弥陀アルノミ」の言葉に表れています。この発言が冒頭に出てくることは、顕明の強い意思だったのかもしれません。自分の置かれた状況をはっきり理解していたことと思います。

この日、予審判事は顕明の非暴力をくつがえすための質問からはじめました。つまり、顕明を「直接行動」に参加しようとした人物、としたかったようです。顕明は、天皇や政府機関は消滅してほしい、と語ります。予審判事はその消滅方法を聞いてきます。顕明は、伝導により社会主義者が増加すれば「自然消滅」すると答えます。

4　問　自然消滅セサルトキハ如何

答　自然消滅出来ル筈テス

予審判事は「直接行動します」と答えさせたかったのでしょう。顕明はその手には乗りませんでした。

「自然消滅ハ如何ニシテ出来ルヤ」さらに追及が続きます。その答えは、私一代で消滅することはできるはずはありません、などと答えています。直接行動の意思がなかったことを強調しているのでしょう。しかしこの主張も、追及が進むと変化をしていきます。

7　問　証人ハ前回四十年六月赤旗事件後幸徳来リ傳導教育ノ時ニアラス直接行動ノ時機ナリトノ話ヲ聞キ感動シ熱度ヲ高メタリト云ヒシハ如何

答　夫ハ左様テシタ

8　問　左スレハ此時分ヨリ直接行動ヲ以テ天皇及政治ノ諸機関ヲ消滅セシメント志シ居リタルヤ

答　志シテ居リマシタ併シ其時ニ私ハ直接行動ヲ取ル決心ナク只直接行動ヲ傳導スルノ要ヲ認メタリ

9　問　先刻ハ傳導教育ニテ自然消滅ト云ヒシハ如何

答　自然ト云フノハ御取消ヲ願ヒマス実ハ直接行動テナケレハ革命カ出来マセヌカラ

直接行動ノ起ル様ニ傳導教育ヲスルノテス（1）

ここで顕明は、直接行動をもくろむ人物であることになってしまいました。しかし前日同様、「直接行動」に参加するのではなく、実行者を作るための伝導をするつもりであったことを繰り返しています。

そこで予審判事は、質問を核心に移していきます。予審判事の知りたいこと、いや、作り上げたいことは、まず前日の訊問と同様爆弾製造のことでした。そして決行時期の特定のためか、実行準備のこと、そして新たに実行者の募集について質問しています。

顕明は、爆弾製造は知らない。浄泉寺での法話に社会主義伝導を交えていたが、決死の者はいない。「直接行動」への参加を勧誘したこともない。と答えます。そして「犠牲ハ人ノ強フヘカラス」と、人に強制するつもりがないことを訴えています。この言葉は、社会主義関係の書籍からの引用だということです。そして「信仰シテ居ル語テス」と言います。顕明が社会主義を絶対と考えず、自分の思想に合う部分に傾倒していたことがよくわかります。

実行の時期は決まっていない。爆弾製造については知らない。顕明の認めたことは、「直接行動」の話題があり、「直接行動」を決心した者たちがいた、ということだけでした。

ただし「直接行動」の決心も、「土産話」を楽しんだ、という程度の話のはずです。ではなぜ「直接行動」を認めてしまったのか。それは、一九四三（明治四四）年一二月一三日の大審院法廷での顕明の発言からわかります。田辺での訊問は、「田辺ノ検事ノ調ヲ受ケ此死ゾコナイト一喝サレ林ト云フ巡査カ扇子ヲ首ニ当テパットト云ハレ自分ハ到底殺サレルモノト思ヘリ」(2)と顕明は証言しています。検事に脅され、認めざるを得なかったのでした。

(1)「證人髙木顕明第二回尋問調書」前掲 大逆事件の真相を明らかにする会『大逆事件訴訟記録・証拠物写(第八巻)』

(2)「公判摘要」専修大学今村法律研究室編『今村力三郎訴訟記録 第三十二巻 大逆事件(三)』専修大学出版局 二〇〇三(平成一五)年三月一五日

大逆事件被告人

田辺での訊問は二日間続きました。そして九日、顕明は「聴取書」も取られています。「聴取書」には、新宮関係者で逮捕されていない者についての聴取でした。沖野岩三郎・天野日出吉・成江秀次・峯尾慶吉・石橋恒三・毛利清雅(柴庵)・日下柳太郎・安阪国平の名前が挙がっています。しかしどの人のことも、社会主義との関係が希薄であったと述べています。事実を語ったといえばそれまでですが、顕明は友人知人を守ったことになります(1)。

証人尋問の当日、七月七日に東京地方裁判所の拘引状が出されます。そして翌日に執行されるのです。今度は大逆事件の取り調べです。七月一四日、東京監獄へ勾留されました(2)。

大逆事件は一審制で審理が行われます。よって取調べは「大審院特別権限ニ属スル被告事件豫審掛」によって行われるのです。大審院とは、最高裁判所のこと。地方裁判所、「控訴院（高等裁判所）」では裁判が行われないのです。

七月一四日、第一回の予審調書が取られました。顕明の社会主義者としての略歴が聞かれます。その話題の中で、大石が君主を否定していることを話します。その理由は「人間カ人間ヲ治ムルト云フ事ハ不自然ニシテ人間ハ平等ノ関係テナクテハ不可ト常々大石ハ申シテ居ルノテス」というのです。そして顕明も、「今トナツテ見レハ誠ニ恐縮ノ至リテスカ其当時ハ　君主ヲモ否認スル氣ニナツタノテス」と、一九〇八（明治四一）暮れから無政府共産主義を主張するようになった、と述べました。

質問は、天皇暗殺に関することに移っていきます。まず、大石が東京へ行き幸徳秋水と話をしてきたことが確認されます。そしてその時の話を大石宅で、顕明・峯尾・崎久保・成石平四郎の四名が聞いたことの確認です。顕明は、

明治四十二年一、二月頃ト思ヒマスカ大石ヨリ招カレテ私及峯尾節堂崎久保誓一成石平四郎四人カ大石宅裏坐敷ノ二階ニ集會シ大石ヨリ秘密ノ相談ヲ受ケマシタ

と答えています。土産話が「秘密ノ相談」に変わってしまっていました。

大石の「秘密の相談」は、

赤旗事件ニテ入獄セシ同志ノ多数カ出テ来タナラハ決死ノ士二三十人ヲ募リ爆裂弾ヲ製造シ暴力ノ革命ヲ起シテ東京ノ諸官廳ヲ打壊シ当路ノ大臣ヲ斃シ尚　皇居ヲ破壊シテ　天使ヲモ斃シ無政府ノ状態トシテ一時タリトモ貧民ヲ救助シタイト云フテ居ルカ如何デアロウカ

というものになりました。今までの訊問と違い、「天子ヲモ斃《タオ》ス」ことも同意されたことになっていったのです。ただし、前回までの証人尋問と同様、顕明は自分と崎久保は参加しないだろうと思っていたと答えます。按摩となっての伝導をするというのです。ただ前回と違い、「按摩ニテモナツテ東京ニ出テ傳道《（ママ）》シテ決死ノ士ヲ作ラント思ツテ居タノテス」と、東京での活動を計画していたことに変化していました。決行の時期については、今までと同様にわからないと答えています。

そして新たな問答が出てきます。新村忠雄・大石誠之助・成石平四郎が主張したことについての質問です。

まず新村忠雄について聞かれます。新村は四カ月以上大石誠之助宅に住み、顕明とも親しかったのです。

問　如何ナル事ヲ忠雄ヨリ聞ヒタカ
答　忠雄ハ常ニ過激ナル事ヲ申シ幸徳ハ是非直接行動ヲ遣ラネハナラヌト主張シテ居ルカ自分モ之ニ同意シ爆裂弾ヲ造リ東京ノ諸官省ヲ焼払ヒ大臣ヲ暗殺シ　親爺ヲ遣ツ付ケルトカ　天子ヲ遣ツ付ケルトカ言ヒ尚愈々事ヲ挙クル際ニハ電燈会社ニ居ル同志ニ通シテ諸官省并ニ各個人ノ宅ニ多量ノ電氣ヲ送リ東京市内ニ於テ同時ニ大災ヲ起サシムルト申シテ居リマシタ

続いては成石平四郎について。

問　成石平四郎ヨリモ其様ナル話ヲ聞ヒタテハナイカ
答　昨年夏頃大石宅ニ於テ成石ヨリモ矢張リ忠雄ヨリ聞ヒタ如ク爆裂弾ヲ造リ諸官省ヲ焼キ払ヒ　天子ヲ遣ツ付ケルト言フ様ナ話ヲ聞キマシタ

そして大石誠之助です。

問　大石ヨリ其後モ同様ナル話ヲ聞キシニアラスヤ
答　大石ハ深謀遠慮アル人ニテ露骨ニハ何事モ申シマセヌカ其後モ度々　天子ノ尊敬スヘ

キ謂レナキ事之ヲ尊敬スルノハ迷信テアルコト尚ドウシテモ　親爺ヲ遣ツ付ケネハナラヌト申ス様ナ趣旨ノ話ハ致シテ居リマシタ

予審判事は確認の質問をします。

問　夫レテハ大石、成石、新村等ハ皆同様ニ暴力ノ革命ヲ起シテ諸官省ヲ焼払ヒ大臣ヲ斃シ尚ホ　至尊ニモ危害ヲ加フル事ヲ主張シテ居ルノカ

答　左様テス

他の人物については一括しての質問でした。

問　其方峯尾、崎久保等ハ終始大石、成石、新村等ノ説ニ同意シテ居タノカ

答　終始同意シテ居リマシタカ其後成石ハ帰宅シ崎久保ハ昨年一二月頃迄大石宅ニ居リタルモ事情カアツテ是亦帰宅シ大石ハ私ニ向ツテ新宮ニハ社会主義者カ無クナツタカラ之ヲ解散シタト申シマシタ其位テスカラ其後ハ今回ノ計画ニ付テ何ノ相談モナイノテス(3)

「主犯」と見られていた人物と「従犯」と見られていた人物の違いで、質問の扱いから違っていたことがわかります。最後の答えでは峯尾の名前が出てこないのに、予審判事は再質問をしなかったくらいです。死刑執行された者と無期懲役になった者の違いが訊問に現われていま

す。

この後、新しい質問として「自分ノ門徒ニ向ツテ社會主義ノ傳道ヲ致シタ事ハナイカ」と聞かれますが、顕明は否定しています。そして成石による「決死ノ士」募集について聞かれると、「私ニモ門徒ヨリ決死ノ士ヲ募レト言ヒマシタカ私ハ大事ナ門徒カ難儀ヲスル事ニナルカモ知レヌカラ夫レニ應シナカツタノテス」(3)と門徒が無関係なことを再度述べています。浄泉寺門徒に危険が及ぶことだけは避けたかったのでしょう。

質問項目は五九。長い長い取調べ時間でした。顕明の心労が大きなものだったことは想像に難くありません。

(1)「聴取書」前掲　大逆事件の真相を明らかにする会『大逆事件訴訟記録・証拠物写(第八巻)』
(2)「勾留状正本」前掲　大逆事件の真相を明らかにする会『大逆事件訴訟記録・証拠物写(第五巻)』
(3)「被告人高木顕明調書」前掲　大逆事件の真相を明らかにする会『大逆事件訴訟記録・証拠物写(第五巻)』

第二回調書

第二回の訊問は、一八回の問答だけで簡単なものでした。前回訊問の九日後、二三日に行われました。

訊問は、「暴力革命」への参加について。「決死ノ士」の募集について。爆弾について。今までの訊問の確認程度のものでした。顕明の答えも「存シマセヌ」、「一向聞キマセヌ」と、一言で終わるもので、予審判事もそれ以上質問を深めることもありませんでした。

ただ、新たな内容の質問も行われました。それは成石平四郎、峯尾節堂、崎久保誓一が、社会主義を放棄したことについての質問でした。顕明の答えは、成石平四郎は社会主義を放棄する演説をした。峯尾は大石と交流を断っていた。崎久保は、就職先である『熊野新聞』の社主が国家主義者であるから社会主義を表明できない、とそれぞれの事情を説明しました。いずれも事実を事実のままに答えています。成石と峯尾は、大石との関係をこじらせていたのです。いずれも金銭の問題からだったようです。

そして顕明自身については、後任住職を選定しようとしたのは社会主義伝導のためか、という質問がありました。これにも顕明は「左様テハアリマセン」と一言で否定しているだけです(1)。第二回訊問が簡単であったのは、すでに顕明の容疑が固められていたということでしょう。

第二回訊問後の九月七日、顕明は正式に社会主義者に編入されました。そう、今まで国家は、顕明を社会主義者として認定していなかったのです。(2)

ちなみに大石誠之助を中心とする新宮近郊在住で逮捕された六名のうち、大逆事件前から社会主義者として国が認定していたのは大石誠之助と成石平四郎だけだったのです。

高木顕明は自らの意思で社会主義者となったのではありませんでした。国の意思で社会主義者にさせられたのでした。

(1)「被告人高木顕明第二回調書」前掲 大逆事件の真相を明らかにする会『大逆事件訴訟記録・証拠物写第五巻』
(2)『社会主義者沿革第三』前掲 『続・現代史史料1 社会主義者沿革1』

大谷派による弾圧(一)

逮捕され予審にかけられ、公判開始決定となった顕明。公判開始決定の翌日、一一月一〇日に真宗大谷派は顕明を「住職差免」としました(1)。住職をクビにしたのです。同日、大谷派の僧侶たちに、寺務総長大谷瑩誠より「諭達」が出されます。ここには、

抑社會平等ノ一面ハ我佛教平等門ノ教理ト相近キガ如キモ因縁所成ノ差別ヲ亡シ悪平等ノ邪見ニ堕ス佛教多門ナリト雖モ容ルヽ所アルヘカラス別シテ本宗ノ教旨トハ根本的に背馳到候ニ付僧俗ヲ論セス此際特ニ心得違アルヘカラス(2)

と、社会主義の平等を「悪平等の邪見」と呼び、仏教の平等とは根本的に違うものと強く主張しています。そしてこの「警告」を布教することを怠らないように指示したのです。

当時の裁判制度では、予審が終結し公判開始が決定されるということは、事実上有罪、とい

うことになります。後は、どの程度の刑罰かを裁判するという程度でした。だから大谷派は将来の「顕明有罪」を判断し、住職差免としたのでしょう。

真宗大谷派には「黜罰例《ちゅばつれい》」という規則がありました。いわゆる刑法にあたります。ただ、この「黜罰例」には「住職差免」という罰はありません。「住職差免」は別の規則による罰でした。「宗制寺法」（現在は「宗憲」）というものがあります。これは真宗大谷派の憲法に当たる法律です。その宗制寺法には、

第九十八條　一般末寺ノ住職（正副）ハ別ニ定ル所ノ規則ニ準シ新タニ任スルモノハ其薦舉ニ依リ調査ノ上之ヲ命シ前住職再勤及ヒ兼務住職又ハ退職スルモノハ其情願ニ依リ之ヲ聽許ス

但時宜ニヨリ管長ノ特権ヲ以テ任免スルコトアルヘシ（3）

とあります。この条項が適用されたのでしょう。

この「管長」というのは、真宗大谷派という組織の代表者、という役職です。当時の大谷派では「管長」・「法主」・「東本願寺住職」が三位一体と称し、同じ人物がなっています。顕明の「住職差免」を行ったのは、大谷光演（「法主」としては彰如という名）でした。この処罰は「管長」の特権で行われたもので、大谷派内では公告されませんでした。現在でも根拠となる

史料は公開されないまま、事実だけが発表されています。

（1）真宗大谷派「告示第十号」真宗大谷派宗務所『真宗』一九九六（平成八）年六月
（2）真宗大谷派「諭達第五号」本山文書科『宗報』一九一〇（明治四三）年一一月三〇日
（3）『改正大谷派達令類纂』大谷派本願寺文書科編纂部　一九一二（大正元）年一一月一日

大谷派による調査

一九一〇（明治四三）年一二月、真宗大谷派は藤林深諦という僧侶に顕明の調査を命じました。

藤林は、真宗大谷派奈良教務所（現在は廃止）に勤めている大谷派の職員でした。一九〇九（明治四二）年一〇月一九日に奈良教務所部下へ教用出張を命じられます(1)。次の辞令は、一九一一（明治四四）年一月二五日に久留米教務所部下へ出張を命じられています(2)。この奈良教務所在勤中の業務として、顕明を調査するため新宮に出張したのです。報告は奈良教務所管事に提出されたようです。

しかし、なぜ奈良教務所が調査員を派遣したのでしょう。新宮は、大谷派の行政区画では「第二教区」（現　大阪教区）になります。奈良教務所は京都教務所とともに、「第一教区」（現　京都教区）に属しています。大阪教務所の所管地には「紀伊」が含まれていますが、奈良教務所の所管地は「大和」だけなのです(3)。

この理由について最初に考えたのは、あえて他教区の教務所から調査員を派遣したのでは、ということです。大阪教務所と顕明とは、事務的なことで接点があったはずです。より客観的な調査をするならば、大阪教務所よりも奈良教務所の方が適任と考えられます。

しかしこんな史料が出てきました。一九一〇（明治四三）年一一月一一日、和歌山市の大谷派説教所での「伝灯第二周年記念講演会」が奈良教務所主催で開かれています。(4)

つまり当時の大谷派は、教区制度を杓子定規に考えていなかったのではないでしょうか。奈良教務所が和歌山で行事を行うのは、本来は越権行為になるのです。多分、地理的な条件がそうさせたのではないでしょうか。奈良教務所から藤林が派遣されたのも、同じ理由からかもしれません。

（1）前掲『宗報』一九一〇（明治四三）年五月二三日
（2）前掲『宗報』一九一一（明治四四）年二月二五日
（3）一八九七（明治三〇）年一〇月一日「告達乙第四十号」。『常葉』常葉社　一八九七（明治三〇）年一〇月一一日
（4）前掲『宗報』一九一〇（明治四三）年一一月三〇日

藤林調査

藤林は一九一〇（明治四三）年一二月一八日、大阪より船で紀州へ向かいます。一九日に三輪崎へ上陸し、旅館に一泊して二〇日に新宮へ入りました。そして二七日まで浄泉寺に滞在し、調査を行いました。その調査は、藤林の自坊、大阪教区南林寺に「復命書」の下書きとして残されています。提出された報告書は、本山に現存していないとのことです。

「復命書」によると調査は、

顕明（本人）ノ実家及本人浄泉寺方エ入院ノ次第
顕明入寺後本堂ノ実況
性質及行状
家庭
平素仏祖尊敬念ノ厚薄
檀家ニ対スル教導ノ熱冷
組内僧侶トノ関係
町内各宗寺院トノ関係
門信徒ノ関係
社交ノ人物平素親密ニ交際スル者

偵察ニ付訪問ノヶ所
拘引後門徒及家族ノ実（状）状

の一二項目にわたりました。報告の日付は「明治四十四（三）年一（十二）月九（三十一）日」となっています。

それでは、今まで引用していない部分で、この調査報告について見ていきましょう。まず顕明逮捕についての近在の僧侶たちの反応です。ここには事件そのものに対する反応より、もっと悲しい事実が書かれています。それは、顕明逮捕を喜んでいる僧侶についての記述です。

二五日、二六日と、藤林は近所の寺院を二カ所訪ねます。どちらの住職も「親シク交際セヌ」とか「疎遠ニナリ」と答えます。藤林は、住職たちが「自分勝手ニ（私ニ）攻撃ス（セ）ルヤモ」と考えます。顕明が事件を起こしたことへの非難とは違ったものを藤林は感じたのでしょう。浄泉寺にもどり、門徒たちに近在の寺院との関係を聞き取ります。すると、顕明逮捕をきっかけに「浄泉寺門徒ヲ奪フ心アリ故（モ）ニ（聞ク）」というのです。そしてこの住職たちは「今回我住職ノ拘引ヲ反テ快シ」と思っているだろう、というのです。

近在の住職たちにとって、顕明の事件は宗教問題でも政治問題でも社会問題でもありませんでした。経済問題だったのです。寺の勢力拡張のチャンスとして考えていたのです。僧侶たちの姿勢、体質、思考がよく見えてきます。

この「門徒ヲ奪フ」ことについては、現実の問題として危惧されていました。「当寺ニ於テモ〔特種部落トイヘトモ〕取持（ノ）厚ケレハ（キ）ｃノ門徒中ヲ離檀令ル時ハ浄泉寺生計維持法立ヌ次第ナレハ（候）浄泉寺ニ於テモ殆ント困却致居候」(1)というのです。熱心に浄泉寺を支えるｃの門徒たちが他の寺院に移ることに、浄泉寺も大きな危機感を感じていたのです。しかしこの段階での「離檀」は、まだ危惧の段階だったかもしれません。しかし現実の収入は途絶えてしまっていたのです。

住職がいないとはいえ、浄泉寺に門徒がいる以上、葬式や他の法要は営まれていました。近在の住職が顕明の代理を勤めていたのです。藤林の調査によれば、顕明不在の半年間に葬儀だけでも一〇回あったということです。しかしそのお布施は、浄泉寺にはまったく渡されませんでした。

これは時代なのか、地域性なのかはわかりませんが、代理が法要をした場合、お布施は本来の住職の寺へ「切半」または「四分六分」で渡すものだったというのです。私は代理の経験はありませんが、寺院のためでもあり代理のためでもある。そんなやり方だと思います。紹介料ということです。「困った時はお互い様」ということです。それが浄泉寺には全く渡されなかったということです。

（1）前掲　藤林深諦「大谷派調査員の報告（復命書下書）」

二人の証言

二三日夜、浄泉寺に滞在する藤林を一人の人物が訪ねました。沖野岩三郎です。沖野は、みんながいろいろ言うだろうけれど、実際を知っているのは私だけ、と語ります。そして「実際的高木顕明氏社会党ニ非ス」と話しました。逮捕後も、必死に顕明を支える活動を繰り広げていた沖野は、大谷派の僧侶が調査中とのうわさを聞きつけたのでしょう。少しでも顕明にとってプラスになるように行動したのでしょう。

しかし、妻たしも門徒も「大石誠之助又基督教牧師等ニ平素交ルカ故ニ今回社会党の嫌疑ヲ受ケ」(1)た、と考えていたようです。顕明のために活動していても、浄泉寺関係者の沖野への評価は悪いものだったことがわかります。

二五日、藤林は新宮町長遊木保太郎を訪ねます。町長に、顕明の品行と拘引された理由を聞くためでした。

遊木町長と顕明は面識がありました。一九〇九（明治四二）年の「風俗矯正に関する講話」の会で同席していたのです(2)。

まず、顕明の人間性を「本人ノ性質実直ニシテ（平素）居動（心）静カナル者ナリ」と見ていました。そして新宮での立場を、「平素我門徒ｃノ特種部類ヲ援クカ故ニ（ニ付）新宮町有財家ノ人望ヲ得ル能ハズ」と説明しました。

そして事件について。遊木町長は、「顕明ノ社会党ニ加ハル実否ヲ尋レトモ町長ノ性質寡言ニシテ判然ト答ヘス（ズ）」という態度だったのです(3)。

顕明は国により社会主義者と認定されていましたし、二五日は検事により死刑が求刑されているのです。「あいつは社会党員だった」と言っても何の不思議もありません。しかし言葉を濁して答えなかったというのです。

遊木町長は、警察が取り調べた顕明ではなく、自分が見た顕明を語りました。正直な人、という印象を強く持つことができる人物だったようです。

（1）前掲　深林深諦「大谷派調査員の報告（復命書下書）」

（2）前掲『牟婁新報』一九〇九（明治四二）年一〇月一八日

（3）前掲　深林深諦「大谷派調査員の報告（復命書下書）」

顕明の抵抗

七月一四日と二三日に訊問があった後、第三回の訊問は三カ月もたった一〇月二二日に行われました。これがどのような意味があるのかはわかりませんが、今回は今までの訊問とは大きく違った内容となりました。顕明の様子が大きく変わっていたのです。少し丁寧に見ていきましょう。

まず顕明は、一九一〇（明治四三）年一月の大石宅での会合で暴力革命の話を聞いた時から無政府党員となったと答えます。無政府主義とは、社会主義の一形態で議会や政府の存在を認めない考え方です。明治時代にはまだ社会主義は未分化のままでしたが、ここへ来て「社会主義」の中でも「無政府共産主義」が注目されてきたのです。顕明は、「主として共産制度に賛成」したと言っています。新宮での生活で目の当たりにした現実から、経済的階級を否定する考えにひかれたのでしょう。

そして訊問は大石宅の会合に移っていきました。会合についての顕明の発言はすでに記述していますが、もう一度確認してみましょう。

（幸徳は）決死ノ士二三十人ヲ募リ爆裂弾ヲ製造シ暴力革命ヲ起シ東京ノ諸官廳ヲ打壊シ當路ノ大臣ヲ斃シ一時タリトモ無政府ノ状態ニ致シ貧民ヲ救助シタイト思フト言ヒシカ如何テアロウト申シマシタ列席ノ者ハ大石ヲ崇拝シテ居タノテアルカラ一同之ニ同意シタノテス

この発言は第一回の訊問と大きく変わっています。天皇を攻撃対象としていないのです。第一回訊問では「皇居ヲ破壊シテ　天子ヲモ斃シ」(1)と天皇暗殺の計画を答えているのです。予審判事は「大石ハ　皇室ヲ破壊シテ　至尊ニ危害ヲ加ヘルト言ハナカツタカ」と質問します。顕明の答えは「左様ナ事ハ聞キマセヌ」というものでした。

予審判事は食い下がります。「其方ハ本年七月一四日第一回訊問ノ時大石ヨリ　皇室ニ関スル事ヲ聞ヒタ様ニ申立タテハナイカ」と。顕明の答えは「私ハ其様ナ事ハ大石カラ聞カナイ様ニ思ヒマス」でした。

顕明は政府・官庁への攻撃は認めても、天皇暗殺計画を否定したのです。顕明は自分たちの大逆罪を否定したのです。新宮で生活していた頃の顕明とは大きく違っています。田辺の証人尋問で震え上がっていた顕明とも大きく違っています。ここで顕明は抵抗者となっていたのです。

続いての質問も見ていきましょう。

一二　問　併シ其方ハ第一回訊問ノ時忠雄ハ幸徳ノ直接行動ニ同意シ爆裂弾ヲ造リ東京ノ諸官省ヲ焼拂ヒ大臣ヲ暗殺シ親爺ヲ遣ツ付ケルトカ　天子ヲ遣ツ付ケルトカ言ヒタリト申立居ルテハナイカ

答　左様ナ事ハ申シマセヌ

一三　問　尚第一回訊問ノ時大石宅ニ於テ成石平四郎ヨリモ同様ナ事ヲ聞ヒタ様ニ申立タテハナイカ

答　ドウモ左様ナ覚ヘハアリマセヌ

一四　問　尚第一回訊問ノ時大石ハ深謀遠慮アル人ニテ露骨ナル事ハ申サヌカ　天子ヲ尊

敬スルノハ迷信テアルトカ或イハドウシテモ親爺ヲ遣ツ付ケ子ハナラヌトカ言ツタト申立タテハナイカ

答　左様ナ覚ハアリマセヌ(2)

顕明は、今まで自分と崎久保には実行の意思がなかったことを繰り返していました。しかしこの訊問では、自分だけでなく新村忠雄、成石平四郎、大石誠之助の無罪も主張したのでした。ある意味、それまで仲間を売っていたかのような顕明。最後の訊問でしっかりとそのウソを否定しました。開き直ったのでしょうか。成長したのでしょうか。それとも友人に対する深い深い懺悔だったのでしょうか。

暴力に一矢を報いる顕明がここにいました。

(1) 前掲「被告人高木顕明調書」

(2)「被告人高木顕明　第三回調書」前掲　大逆事件の真相を明らかにする会『大逆事件訴訟記録・証拠物写　第八巻』

監獄教誨師

時代劇を見ていると「伝馬町送り」という言い方が時々登場します。この「伝馬町」とは、

「伝馬町牢屋敷」のこと。東京監獄の前身です。時代が明治となると「警視庁監獄署」、と改称され、後、鍛治橋に新獄舎を建設し「鍛治橋監獄署」となりました。一九〇三（明治三六）年、東京監獄と改称されますが、監獄が東京駅の敷地に編入されることとなり、翌年三月三一日には「東京市市ヶ谷富久町一一三」に新獄舎が完成・移転します。大逆事件の被告人たちは、新築の獄舎に収監されたということです。最も新築とはいえ獄舎、決して快適な生活だったというわけではないでしょうが……。

東京監獄は、構内敷地九七四五坪五合・構外敷地八七四二坪一合八勺、建坪二六九七坪七勺でした。建物は「欧米の長所に倣《（ママ）》ふと共に邦風を加へ」たもので、「木造重層放扇状に組成し、三〇三房に區劃」したものでした。また、東京監獄は「拘置監」といわれ、刑事被告人や死刑囚も多数収監していました。一般の監獄とは少し違った性格を持っていた監獄だったのです(1)。

監獄には当然職員がいますが、それ以外に教誨師《きょうかいし》という人も勤めています。教誨師とは、受刑者の徳育の育成を行う人たちのことです。戦前では、主に僧侶が任命されていました。大逆事件の被告人が収監されていたころ、東京監獄には二名の教誨師がいました。一人は浄土真宗本願寺派僧侶田中一雄です。

田中は一八九〇（明治二三）年一一月に、自分から願い出て東京監獄の教誨師となります。ボランティアの教誨師ということです。彼は大成教(2)という新興宗教に属していました。東京監獄は一八八五（明治一八）年以来、大成教が教誨を続けており、彼は五人目の大成教教誨師でした。

一八九三（明治二六）年四月三〇日、田中は東京監獄から正式に教誨師を嘱託されます。給料は支払われなかったのですが、毎日監獄へ出勤することになりました。そして翌年四月一日、正規の教誨師として採用されます。この時から教誨師が常勤することになったのです。ちなみに月給は九円でした。

田中が常勤となる以前の教誨は、一八八三（明治一六）年から一八九〇（明治二三）年まではは日曜日の午前中に行われ、一八九〇（明治二三）年一一月から田中が常勤となる一八九三（明治二三）年までは、日曜と水曜の午前中に行われました。形式は全受刑者を、監房や工作場に集合させ、講話を行ったのです。それが田中が常勤になった後は、新入受刑者や釈放者に対して個人教誨を行うようになりました。また、一九〇〇（明治三三）年以降は、受刑者からの要望によっても教誨をすることとなりました。集団への講話から、個人の面接へと様変わりしていったのです。

一九〇一（明治三四）年四月一日。東京監獄には教誨を専門とする部署、「教務所」を新たに設置しました。その初代所長は田中でした。また次席教誨師が置かれ、田中と同じ大成教の内田駒太郎が任命されたようです。

一九〇三（明治三六）年、不思議なことに田中は大成教を離れ、真宗本願寺派（西本願寺）の僧侶となります。しかし引き続き教務所長を務めることになり、以後歴代教務所長は浄土真宗本願寺派が任命されることになりました。一九〇九（明治三九）年三月、次席教誨師の内田が辞職します。同年七月には真宗大谷派僧侶近角常観が教誨師に任命されます。これ以後しばらくは、次席教誨師を真宗大谷派僧侶が務めるようになります。そして一九一〇（明治四三）年五月二九日、男性監獄に仏像や仏具が浄土真宗本願寺派、女性監獄に真宗大谷派から寄贈され、入仏式が厳修され、東京監獄の教誨は、完全に仏式によるものとなりました。

大逆事件の被告人と関わったもう一人は、真宗大谷派沼波政憲でした。一九〇九（明治四二）年一〇月二一日、巣鴨監獄教誨師だった沼波は東京監獄教誨師を真宗大谷派から命じられます。この二人が大逆事件の被告を教誨し、また死刑囚となった者と最後に言葉を交わすことになりました(3)。

沼波については、大逆事件被告が記録を残しています。まず、管野スガの日記です。

一九一一（明治四四）年一月十九日

夕方沼波教誨師が見える。相被告の峯尾が死刑の判決を受けて初めて他力の信仰の意味がわかつたと言つて些かも不安の様が見えぬのに感心したといふ話がある。そして私にも宗教上の慰安を得よと勸められる。私は此上安心の仕様はありませんと答へる。絶對に權威を認めない無政府主義者が、死と當面したからと言つて、遽に彌陀といふ一の權威に縋つて、被《(ママ)》めて安心を得るといふのは（眞の無政府主義者として――抹消）些か滑稽に感じられる。

然し宗教家として教誨師として、私は沼波さんの言葉は尤もだと思ふ。が、私には又私だけの覺悟があり慰安がある。

田中さんが『よろこびのあと』沼波さんが『歎異抄』『信仰の餘澤要略』を置いて行かれる。何れも小冊子である。

同　廿一日

沼波教誨師が見へて「何うです……」と聞かれる。「相變らずでございます」と答へる。主義といふ一つの信念の上に立つて居るから其安心が出來るので有（ら）う。事件に對する關の厚薄に依つて、多少殘念に思ふ人も有（ら）うが、アナタなどは初めから終りまでずつと事にたづさわつて居たのだから相當の覺悟があるので有（ら）うと云はれた。宗教上の安心をすゝめられるより嬉しかつた。（私は斯うい ふ言葉を聞く方が嬉しい。―抹消）

同　廿三日

田中教務所長から相被告の死刑囚が半數以上助けられたといふ話を聞く。多分一等を減じ（られて―抹消）られて無期にされたので有（ら）う。

或人が、會津藩士であつた田中さんが囚へられて明治五年に死刑の判決を受け、愈よ刑場へ引出される途中で以外にも助けられたといふ、今日の私の境遇などには頗る興味のある（話を―抹消）經歷談を聞（いて―抹消）いて面白かつた。

人を見て法を説くといふのか、對手の思想上に立入らないで、時宜に應じた話をされるのは、流石に多年の經驗と感服する。(4)

管野はこのように記録しています。教誨師と立場は違うのですが、そこに憎悪を伴った対立というものは決して存在しませんでした。むしろ、好意的であると感じます。明治期の教誨師は、国家の立場に全面的に従い、無理やりにでも罪を認めさせ、反省・改心させるのが仕事だと思っていました。少し認識違いをしていたようです。特に管野にかけられた言葉を、彼女は「嬉しい」とまで言っています。沼波は、管野を懐柔させるための発言でなく、素直に喜ばせるような発言までしていたのでした。

成石平四郎などは、「毎夜教誨すれば慥《たしか》に偉大の効力あるを信ず」(5)とまで日記に書いています。

近代でも明治・大正・昭和と時代の流れ、法律の違いがあります。この場合は、大逆事件という特殊性も考慮しなくてはならないでしょう。しかし被告とこのような関係を持っていたことも、また事実です。近代教誨史の研究の発展を大いに期待したいと思います。
教誨師は判決後にも監獄を訪れ、死刑囚に情報提供までしていたようです。死刑囚新村忠雄の日記には、

一九一一（明治四四）年一月二〇日
三時半に教務所長が來て話してくれた。平出への手紙を見て曰く、「その半數は罪一等減ぜられました」と。(6)

と記述されています。このような情報提供も教誨師には許されていたのでしょう。また、許された範囲で、実際に奉仕もしていたのでしょう。
ただし、冷静に仕事もしていました。沼波は、大逆事件犯のうち二人が教誨の成功例と言っています。最後に教誨の成功例といえる成石平四郎の文章を紹介しておきます。

今度の被告人中僧侶が三人もあることは自分ハ不思議でならぬ。釋迦は四恩と言つて、その恩の中に国王恩を深く説いている。若し釋迦日本え生まれたのであつたら、どれくらい君恩を嚴重に説かれたか知れない。それに佛道に身を持ちながら政治に干する社會主義などへ來たのは自分には判らぬ。最も峯尾や内山は禅宗である。禅宗は自力である。自力

は得て傲慢・不遜・粗暴に流れ易いから、修行が誤つたものとみても、眞宗の高木君が社會主義者として法廷に立つに至つと云ふことはどうしても解することは出來ぬ。眞の信仰を持つて居なかつたのだらうか。それにしては之まで珠數を爪ぐつて説教など出來ない筈だ。(7)

確かに「大谷派の教誨」としては、満点の出来上がりでしょう。まず四恩とは、父母の恩・衆生の恩・国王の恩・三宝（佛・法・僧）の恩ということです。成石平四郎は、「天皇陛下ありがとう」という意味で国王の恩を理解しています。そうでしょうか。これは「衆生の恩（人々の恩）」と同じ範疇の言葉で、単に「国王」ではなく、「仏教を信仰している国王」という意味のはずです。近代の天皇は仏教徒ではありません。異教徒（神道）です。近代天皇は、この四恩に含まれない「国王」です。この間違った理解にこそ、大谷派の教誨の成功が見えてきます。これは「戦争教学」の論理です。

また、自力である禅宗は「傲慢・不遜・粗暴に流れ易い」という理解も、大谷派の教誨の影響と見て間違いありません。笑ってしまうほど、大谷派の偏見に満ちた表現だと思います。

いずれにせよ、これは「大谷派の教え」の理解であり、「真宗の教え」の理解ではありません。ゆえに顕明への非難も的を射たものではないでしょう。この顕明への非難は、大谷派の顕明非難と同様なものだったと言えます。それがかつての仲間である成石平四郎から出ていることに、「監獄教誨」の恐ろしさを感じます。管野・新村のように教誨師に擦り寄らない者と、成石平四郎のように擦り寄る者への教誨方法の違いと効果の違いが見えてくるのです。

（1）監獄教誨百年編纂委員会『教誨百年』浄土真宗本願寺派本願寺　真宗大谷派本願寺　一九七三（昭和四八）年四月一日

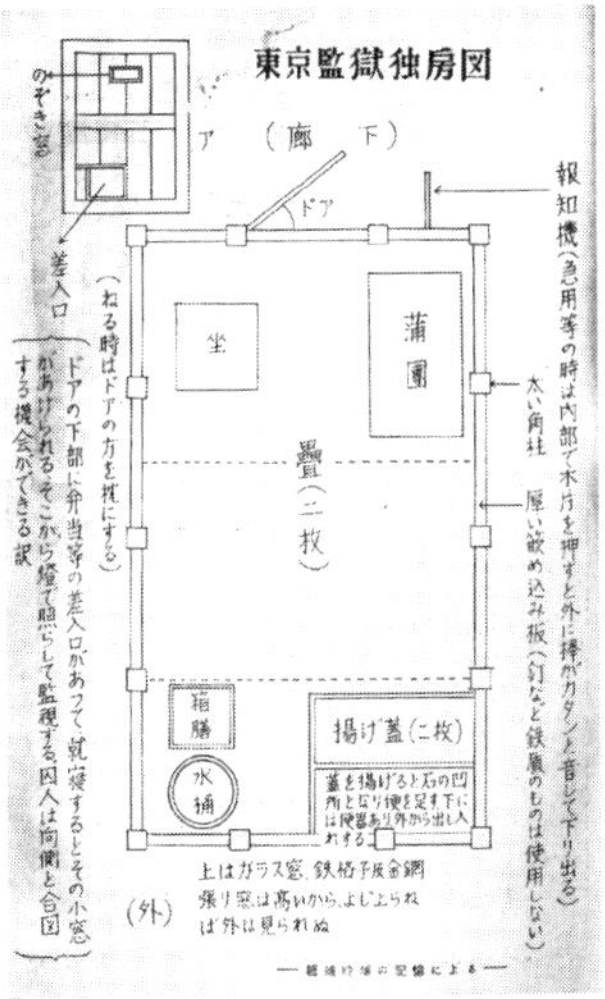

東京監獄見取図
注：前掲　神崎清編『大逆事件記録７　獄中手記』

（2）大成教　平山省斎が組織した神道系宗教。明治一二年大成教会設立。明治一五年、教派神道の一派として独立。惟神の道で人々を善導する、という教え。一九五二（昭和二七）年神道大成教と改称。

（3）前掲　監獄教誨百年編纂委員会『教誨百年』。
（4）管野須賀子「死出の道艸」前掲　神崎清編『大逆事件記録1　獄中手記』
（5）成石平四郎「無題感想録及日記」前掲　神崎清編『大逆事件記録1　獄中手記』
（6）新村忠雄「獄中日記」前掲　神崎清編『大逆事件記録1　獄中手記』
（7）前掲　成石平四郎「無題感想録及日記」

面会・差入れ

東京監獄に収監された者たちは、不安な日々を過ごしていたことでしょう。特に、全くの冤罪で捕らえられた者たちの不安は計り知れないものだったと思います。

顕明は七月一四日午後二時三〇分、正式に勾留されました。そして翌日二時一〇分、独房に入れることが決められ、接見、書類物件の授受が禁止されます(1)。被告人として取り調べられるため、一切の接触を禁じられたのです。被告人顕明の取調べは、七月一四日、七月二三日、そして一〇月二二日の三回でした。

一一月九日、他の被告人と同時に独房、接見禁止、書類物件の授受の禁止が解かれます(2)。早速顕明も自宅へ手紙を書いたことでしょう。妻たしは東京監獄へ面会に向かいます。

一二月三日、たしは新宮を出発し、まず名古屋にいる顕明の実兄水谷縫三郎を訪ねます。水谷も東京へ同行したのです。面会時間は三〇分。兄は弁護士について、たしは生活方法についての話をしています(2)。

弁護士については、沖野岩三郎が活動していました。与謝野鉄幹に依頼し、その紹介で平出修が顕明と崎久保誓一の弁護を担当することになりました。面会日に決定していたかはわかりませんが、遅くとも一二月二三日までには弁護を引き受けていたはずです(3)。たしや養女加代子の生計については、どんな話がされたかはわかりません。短い面会を終え、縫三郎とたしは帰宅することになりました。

一二月九日、社会主義者堺利彦からの差入れが獄中の全員に届きます。新仏教徒同志会が発行する雑誌『新仏教』が贈られたのです(4)。顕明にとってはうれしい差入れだったでしょう。五カ月ぶりの仏教書ですから。

ただ、疑問に感じたことがありました。顕明や内村愚童、峯尾節堂という僧侶や、仏教に関心のある者以外には、あまりよい差入れとは思えなかったのです。しかしこの雑誌の目次を見て、納得がいきました。おとぎ話の特集号だったのです。

太郎と鬼婆　　柘植秋畝
空中飛行機　　高島米峰
蝙蝠と大魚　　鈴木大拙
太郎とたんぽ、　　杉村楚人冠

釣龍爺　渡邊壺月
夏蔭　林古渓
みいちゃん　田中我観
犬三の冒険　三輪華城
孔雀　土屋極東
女魔王　境野黄洋
風の神　川村五峰
破魔弓　加藤咄堂(5)

以上が掲載されたおとぎ話です。これなら仏教の知識や関心のない人にも、いい娯楽となったでしょう。著者は仏教学者として名を成した人たちも多くいました。堺利彦という人は、面白い人だと思います。もちろん、社会主義の書籍を差し入れるわけにはいかなかったでしょうが……。

一二月一〇日、大逆事件の第一回公判が開かれます。開始と同時に傍聴禁止が宣告されるという異常な裁判でした。しかし監獄に戻ると、差入れのお弁当が待っていました。

幸徳伝次郎他二十九名ニ加藤時次郎名義ヲ以テ弁当差入を為ス

附　其ノ代金ノ出所

堺利彦明治四十三年十二月九日東京監獄小野差入店ニ到リ幸徳伝次郎他二十九名（陰謀事件関係者ハ幸徳外二十五名也）ニ対シ加藤時次郎名義ニテ昼食二十銭ノモノ五日間差入ヲ依頼シ之カ代金三十円ハ在京主義者ヨリ募集スルコト、シ不取敢堺ニ於テ十円ヲ出シ他ノ二十円ハ加藤時次郎ヨリ借入レシカ加藤ハ若シ同志ノ集金困難ニシテ纏マラサルトキハ該金ハ返戻ニ及ハサル旨ヲ告ケ貸与シタリト云フ(6)

今度も堺利彦の心づくしでした。飛松與次郎は、

公判第一日が終つて監獄に歸り、自分の監房に入つて見ると立派な辯当が差し入れてある。不審に絶えないで、看守に誰かの間違ではないかと尋ねて見ると、「いや間違ではない」といつて手帳を繰り擴げて差入れ人の名前を見て居たが、「京橋區木挽町加藤病院長加藤時次郎」と告げて呉れた。自分は加藤氏とは全く未知の間柄であるのにと、涙ぐましい感謝の念を以て好意の辯当を喫した。

と回想しています。また、明けて一九一一（明治四四）年正月、堺利彦は年賀状も被告たちに送っています(7)。堺利彦は熱心に慰問を繰り返していました。個別の慰問もあり、全員に対

する慰問もありました。

顕明は、一月七日に年賀状の返信を堺利彦に宛てています。

拝呈昨冬ハ新佛教御恵与
被成降奉多謝候又年始状
モ被下侯由承リ中侯厚ク御礼
申上候本月中頃ニ判決トノ事
何分日並ノ延引スルニハ閉口仕候
何れ無罪ト存し侯間出監ノ上ハ

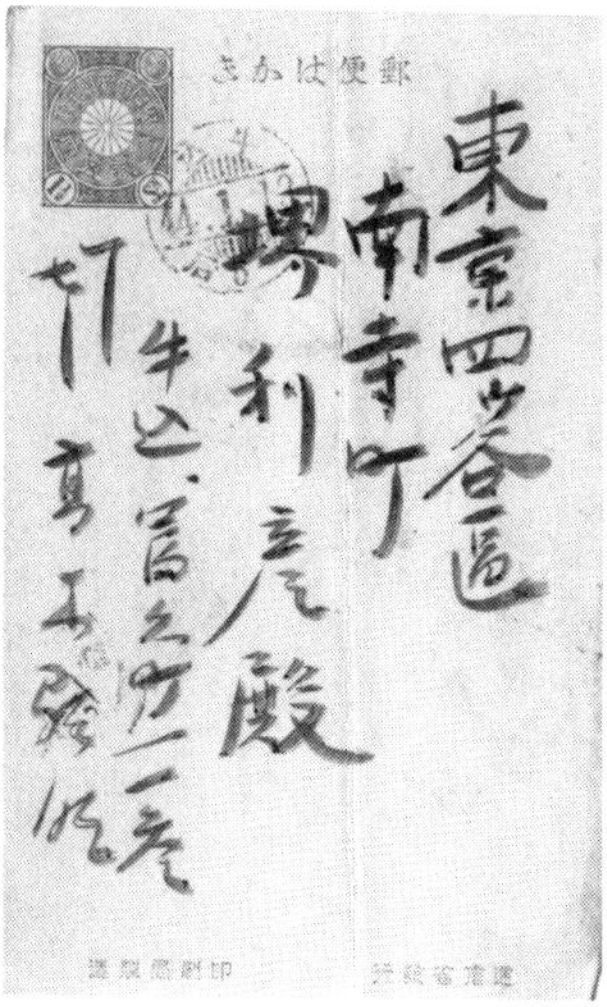

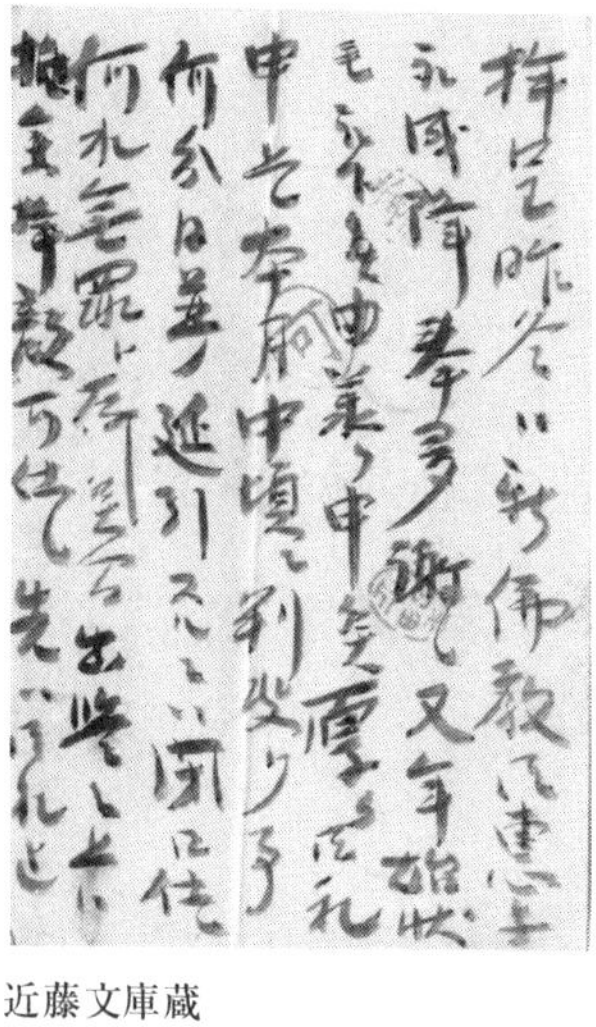

近藤文庫蔵

推参拝顔可仕候先ハ御礼迄[8]

顕明が、自身の無罪を確信していたことがわかります。同じ日、弁護士の平出修にも葉書を送っています。そこには、一、二冊の本を差し入れてほしい、と書き、そして「私ハ無罪の事と存し」と書いていています[9]。やはり、家族以外であっても慰問はうれしいことだったのでしょう。慰問は、顕明を支えていたのです。無罪の確信を表明する相手がいたことは、顕明にとっては大きな励みとなったことでしょう。

一方、浄泉寺の留守を守る妻たしは、経済的に顕明を支えなければなりませんでした。弁護士費用が必要だったのです。沖野が協力し、顕明が集めていた書画などを売り、百何十円を調達していました[10]。

(1)「高木顕明　決定」前掲　大逆事件の真相を明らかにする会『大逆事件訴訟記録・証拠物写（第五巻）』
(2) 前掲　藤林深諦「大谷派調査員の報告（復命書下書）」
(3) 前掲　野口存彌『沖野岩三郎』
(4) 新村善兵衛「獄中日記」前掲　神崎清編『大逆事件記録1　獄中手記』
(5)『CD―ROM版　新仏教』すずさわ書店
(6) 前掲「社会主義者沿革　第三」
(7) 飛松與次郎「大逆犯人は甦る　飛松與次郎自傳　前篇」『祖国』學苑社　一九二九（昭和四）年五月一

日

（8）『高木顕明　堺利彦宛葉書』近藤文庫蔵

（9）『高木顕明　平出修宛葉書』前掲　『平出修　第二集』

（10）前掲　沖野岩三郎「日記を辿りて」

予審終結

一一月一日、予審の結果が「意見書（大審院特別権限に属する被告事件豫審掛　明治四十三年十一月一日）」として提出されました。正式に大審院での審理が決定したのです。

顕明については、

第十三　被告高木顕明ハ明治三十八九年ノ頃ヨリ社会主義ヲ奉シ同四十一年七月中被告誠之助宅ニ於テ初メテ被告傳次郎ニ面合シ同人ヨリ主義ニ関スル政府ノ迫害ニ封シテハ反抗ノ必要アリト説示セラレ主義上ノ信念ヲ高メ漸ク硬派ニ歸シ同四十二年一月中誠之助ヨリ第一項ニ記載セル暴力革命及大逆罪ノ計劃ヲ聞キ之ニ同意シテ其決死ノ士タランコトヲ承諾シタリ（1）

という容疑でした。要するに、一九〇九（明治四二）年一月の大石宅での会合が注目されたのです。顕明については、たったこれだけの事実が問題とされたのです。
一一月九日、大審院開廷が正式決定されました。

(1)「意見書」前掲　専修大学今村法律研究室編『今村力三郎訴訟記録　第三十二巻　大逆事件(三)』

裁判

一二月一〇日、第一回公判が行われました。裁判は非公開で進められることになりました。公判初日、裁判長により非公開が宣言され、傍聴の新聞記者たちも退去させられたのです。典型的な「暗黒裁判」といえるでしょう。

二三日、弁護士に訴訟記録が送られます。弁護士は証人の必要を認め、大審院に証人申請をします。しかし翌日、証人申請は却下されてしまうのです。

二五日、検察は死刑を求刑します。このような大事件にであるにも関わらず、公判は一一回、裁判期間もたった二週間のことでした。とても通常の裁判が行われていたとは考えられないのです。沖野の小説に平出修の手紙の一文が紹介されています。それは「どう考へてみても無罪のやうに思はれるが、偖《さて》、法廷に立つて考へてみると、どう考へてみても重罪犯人たらざるを得ない」[1]というものでした。法廷の雰囲気をよく表している一文です。

二七日から三日間、弁護士達の最終弁論が行われます。むなしい最後の抵抗でした。

大逆事件の弁護士今村力三郎は、大逆事件の事実について、「幸徳事件に在りては幸徳傳次郎管野スガ宮下太吉新村忠雄の四名は事實上に争いなきも其他の二〇名に至りては果たして大逆罪の犯意ありしや否やは大なる疑問」(2)と述べています。

また顕明の弁護士、平出修は、

乍併調書の文字を離れて、静に事の真相を考ふれば本件犯罪は宮下太吉、管野スガ、新村忠雄の三人によりて企画せられ、稍実行の姿を形成して居る丈けであつて、終始此三人者と行動して居た古河力作の心事は既に頗る曖昧であつた。(3)

と記述しています。

今村説と平出説、どちらも数名の謀議事件と判断しています。それが、なるべく多くの社会主義者とそのシンパをつぶすため、二四名を犠牲としたのです。

しかし顕明は自身の無罪を信じていました。一月七日の堺利彦宛の礼状を見ても明らかです。同日の平出修宛の葉書きにも同様のことを書いています。

また妻たしに対しても、一二月の東京監獄での面会時に「自分は罪を犯したることなきゆへ無罪なり」と語っています。そして判決直前の一月一二日には、東京の親戚から「顯明は無罪にて帰るゆゑ報恩講も其際荘嚴に營む積もりにて準備せよ」(4)との伝言が浄泉寺に伝えられていました。

大逆の陰謀をしていないという事実。最後の訊問で、天皇暗殺計画をきっぱりと否定したこと。そして同時に、家宅捜索に対し、実母から叱責の手紙が来て以来、社会主義を捨てた。「研究」することもやめた、と主張したのです(5)。裁判中にも、田辺での検事による脅しの事実を証言しました。これらが顕明の無罪確信の根拠だったと思います。

（1）沖野岩三郎「われ患難を見たり（三）」『婦人倶楽部』大日本雄弁会　一九二五（大正一四）年一〇月一日
（2）今村力三郎「芻言」専修大学今村法律研究室編『今村力三郎訴訟記録　第三十一巻　大逆事件（二）』専修大学出版局　二〇〇二（平成一四）年三月一五日
（3）平出修「大逆事件意見書」『平出修集　第一巻』春秋社　一九六五（昭和四〇）年六月一五日
（4）『紀伊毎日新聞』一九一一（明治四四）年一月二六日
（5）前掲「被告人高木顕明　第三回調書」

判決

一九一一（明治四四）年一月一八日、大逆事件の判決がおりました。

主文

右幸徳伝次郎外二十五名に対する刑法第七十三条の罪に該当する被告事件事理を遂げ判決すること左の如し。

被告幸徳伝次郎、管野スガ、森近運平、宮下大吉、新村忠雄、古河力作、坂本清馬、奥宮健之、大石誠之助、成石平四郎、高木顕明、峰尾節堂、崎久保誓一、成石勘三郎、松尾卯一大、新美卯一郎、佐々木道元、飛松与次郎、内山愚童、武田九平、岡本頴一郎、三浦安太郎、岡林寅松、小松丑治を各死刑に処し、被告新田融を有期懲役十一年に処し、被告新村善兵衛を有期懲役八年に処す。

顕明の犯罪事実については

被告高木顕明ノ豫審調書中被告ハ明治三十九年頃ヨリ社會主義ノ新聞雑誌等ヲ讀ミ大石誠之助方ニ出入シテ社會主義ノ説明ヲ聞キ明治四十一年ノ暮頃ヨリ愈々無政府共産主義ヲ奉スルニ至リタリ、明治四十一年六月中東京ニ赤旗事件ノ起リタル後ナリシカ幸徳傳次郎カ郷里土佐ヨリ出京ノ途次大石誠之助方ヲ訪問シ数日間滞在シタルコトアリ其際幸徳ハ被告等ニ對シ今日ハ最早言論ヤ文章ヲ以テ傳道ヲ為スヘキ時ニアラス主義ノ目的ヲ達セントスルニハ直接行動ニ擦ルノ外他ニ途ナキ旨ヲ説明シタルカ被告ハ其説明ヲ聴キ益々社會主義ニ熱中スルニ至リタリ、明治四十二年一二月ノ頃大石ノ招致ニ應シ峯尾節堂崎久保誓一成石平四郎ト共ニ大石方裏座敷ノ二階ニ會合シ大石ヨリ秘密ノ相談ヲ受タルコトアリ、大石ハ吾々ニ對シ先般出京ノ際社會主義ノ運動上ニ付幸徳ト種々相談ヲ為シタルカ幸徳ハ近来政府ノ迫害甚シタシテ言論ヤ文章ノ力ヲ以テ傳道ヲ為シ得可キ時ニアラス殊ニ自分ハ病身ニシテ長ク餘命ヲ保ツ能ハサル可ケレハ決死ノ士二三十人ヲ募り赤旗事件ニテ入監シタル仝志ノ出獄ヲ待チ爆裂弾ヲ造リ暴力革命ヲ起シ諸官衙ヲ焼排ヒ當路ノ大臣ヲ暗殺シ尚ホ皇居ニ侵入シテ大逆ヲ敢行シ一時タリトモ無政府ノ状態ヲ實現セシメ貧民ヲ賑ハシ度旨申シ居リタルヲ以テ諸君ノ一考ヲ煩ハス自分ニ於テハ皇居ハ警戒厳重ナルヲ以テ至尊通御ノ際ニアラサレハ目的ヲ達スル能ハサル可ク思フ旨申出タリ其當時吾々ハ皆大石ヲ崇拝シ居タルヲ以テ何レモ即座ニ同意ヲ表シ幸徳ノ計画ニ加入スルコトヲ約シタル旨ノ供述(1)

というものです。長々と記述されていますが、要するに、大石宅の会合で天皇暗殺を計画し、それに参加する意思を表明した、とされてしまったのでした。

平出は、閉廷直後の様子を小説に書き残しています。

彼らは判決に不服であつた。事情の相違、酌量の余地を全然無視した判決を彼等は呪つた。その不平の声の突発が即ち「、、、、、、」(「無政府党万歳」—筆者注)となつたのである。

大逆犯とされた者の最後の抵抗でした。この後、平出は顕明と崎久保に声をかけます。

若い弁護人は確かに斯の如くであると解釈して自分の担任する被告の方を見た。その一人の如きは丸で悄然《ショゲ》かへつて居る。とぼ〳〵して足許も危な相に見える。若い弁護人は第二列目と三列目との間の通路に身を置いて、自分の目の前を横切つて、廷外に出ようとする二人の被告の耳許に口を寄せた。

「落付いていろ。世の中は判決ばかりぢやないんだから。」

彼はかう云つて、此詞の意味が被告等に理解されたらしいのを見て、少しく安心した。

判決は死刑。しかし平出は恩赦を期待していたのかもしれません。この後、浄泉寺へ電報を打ちます。

彼は忙しげに階段を下りて構内の電信取扱所へ行つた。頼信紙をとつて、彼は先づ、「シケイヲセンコクサレタ」と書いた。けれども彼はこれ丈では物足らなさを感じた。受け取つた被告の家族が、どんなに絶望するであらうと想ひやつた。

平出修の墓
（新潟県上越市　性宗寺）

「構ふものか。」彼は決然として次の如く書加へた。

「シカシキヅカイスルナ。」(2)

と、ここでも恩赦への期待を書き記しています。失礼ながら、法廷では全く無力だった弁護士たち。期待できるのは恩赦だけだったのでしょう。

（1）「大審院特別刑事部判決」専修大学今村法律研究室編『今村力三郎訴訟記録　第三十巻　大逆事件（一）』専修大学出版局　二〇〇一（平成一三）年三月一五日

（2）平出修「逆徒」前掲『平出修集　第一巻』

減刑

判決翌日。かねてから、政府内で準備されていたと思われる「恩赦」が現実となりました。天皇の命令で、死刑囚の半数、一二名が無期懲役に減刑されたのです。顕明もその一人でした。

いくつかの史料を出してみましょう。明治天皇への上奏の史料です。手続きとして、各大臣が明治天皇に対して減刑を上奏します。それを天皇が認めた、という手続きです。

司法大臣上奏死刑囚武田九平外十一名減刑ノ件
右謹テ裁可ヲ仰ク
明治四十四年一月十九日
内閣総理大臣　公爵　桂太郎（花押）

明治四十四年一月十九日
内閣総理大臣（花押）　法制局長官（花押）
別紙司法大臣上奏死刑囚武田九平外十一名減刑ノ件ヲ審査スルニ右ハ上奏ノ通裁可ヲ奏請セラレ可然ト認ム

これらの史料は、天皇に上奏することを決定したことを示しています。そして、恩赦の文案も考えられていました。

裁可状案（各囚共通）
特典ヲ以テ死刑囚武田九平同岡本頴一郎同岡林寅松同小松丑治同坂本清馬同三浦安太郎同高木顕明同峰尾（ママ）節堂同崎久保誓一同成石勘三郎同佐々木道元同飛松與次郎ヲ無期

懲役ニ減刑ス
明治四十四年一月十九日
奉勅　内閣総理大臣

というものです。
そして実際に上奏された文書と別紙です。

別紙死刑囚武田九平外十一名減刑の件上奏書及進達候也
明治四十四年一月十九日
司法大臣子爵岡部長藏　（花押）
内閣総理大臣公爵桂太郎殿

死刑囚武田九平外十一名減刑ノ儀ニ付上奏
死刑囚　武田九平
同　　岡本頴一郎
同　　岡林寅松
同　　小松丑治

同　　坂本清馬
同　　三浦安太郎
同　　高木顕明
同　　峰尾《ママ》節堂
同　　崎久保誓一
同　　成石勘三郎
同　　佐々木道元
同　　飛松與次郎

右ハ別紙判決書ノ通刑法第七十三條ノ罪ニ依リ明治四十四年一月十八日大審院ニ於テ各死刑ニ處セラレタルモノニシテ大逆無道其罪誅ヲ免レス然レトモ謹テ深仁至慈ノ聖旨ヲ奉體シ本犯等ノ犯状ヲ案スルニ本犯等ハ他ノ共犯者ノ煽動ニ因リ其兇行ニ附和雷同シタルモノニシテ之ヲ元兇主謀ニ比スレハ其間稍等差ノ存スルモノアルヲ認ム仰キ願クハ不赦ノ罪ヲ赦シ特典ヲ以テ無期懲役ニ減刑セラレムコトヲ
右謹テ上奏ス
明治四十四年一月十九日
司法大臣子爵岡部長藏　（花押）（1）

そして死刑囚一二名は、

内閣批第一號ノ八
明治四十四年一月十九日付
特典ヲ以テ死刑囚峰尾節堂ヲ
無期懲役ニ減刑ス
明治四十四年一月十九日
奉勅　内閣総理大臣侯爵桂太郎(2)

と、それぞれの名前を記した命令書を受け取ったのでした。

(1)「死刑囚武田九平外十一名減刑の件」　国立公文書館　蔵
(2)前掲　塩田庄兵衛・渡辺順三『秘録・大逆事件（下巻）』

無期懲役の受け止め

死刑判決、無期懲役への減刑。「殺」と「生」の間を彷徨させられた顕明。その心中は記録

されていませんが、同じ境遇の飛松與次郎が、

監房に落ち着いて、氣が鎮まると、流石にうれしさと感謝の念がこみ上げて來た。昨日から暗く沈み切つて居た心に、あかるい光がさし込んで來た。何だかソワ〳〵して、大聲で何か叫んで見たいやうな、其處らをグル〳〵歩きまはつて見たいやうな氣持ちになつて來た。

心が急に弾んで來た、小松、成石の兩君と無暗矢鱈と喋りまくつた。眠らうとしても眠れるものでなかつた。(1)

と回想しています。本来無実の身であるから、無期懲役といえども不当判決であることは間違いありません。無期懲役にも怒るべきなのでしょう。しかし、いったん「殺」を覚悟した人が減刑された場合、理性による怒りは生まれてこないようです。否、怒りどころか、むしろ無実の罪に陥れた人たちに「感謝」してしまっているのです。「殺」への恐怖とは、それほど大きなものなのでしょう。飛松の回想は、「殺」を免れた喜びが生き生きと記されています。坂本も「助かったのだ。命だけはとにかく助かった。私は涙を流した」(2)と回想しています。しばらくの間だけだったのかも知れませんが、「天皇の思召」は無期懲役囚にとって大変効果的なものでした。

無期懲役が通達された後、顕明は坂本清馬・三浦安太郎と同室にされ翌日の夕食まで過ごしていたのです。それまで独房で過ごしていた三人。減刑の喜びもあり、話が弾んでいたのではないでしょうか。

（1）飛松與次郎「大逆犯人は甦る　飛松與次郎自傳　中篇」『祖国』學苑社　一九二九（昭和四）年六月一日

（2）大逆事件の真実を明らかにする会編『大逆事件を生きる—坂本清馬自伝』新人物往来社　一九七六（昭和五一）年七月四日

大谷派による弾圧（二）

顕明が死刑判決を受けた同日、真宗大谷派も顕明を弾圧します。「擯斥《ひんせき》」、つまり大谷派からの永久追放処分としたのです。

和歌山縣東牟婁郡新宮町浄泉寺舊住職高木顕明

其方儀ニ諦相依ノ宗門ニ僧籍ヲ列シナガラ僧侶ノ本分ヲ顧ミス幸徳傳次郎等ガ首唱セル極端ナル社會共産主義ニ附和シ國家未曾有ノ大陰謀ニ加リ大審院ニ於テ本月十八日同類者二十餘名ト共ニ死刑ノ宣告ヲ受ケタルコト事實明瞭ナリ右ハ黜罰例施行細則第三十六條第七項ニ該當スル非違ナルヲ以テ宗制寺法第八十七條第一項ニ拠リ續斥ニ處ス（明治四十四年

一月十八日）（1）

これが公表された大谷派の文書です。先に住職を差免され、今回は追放となったのです。国家に忠実な大谷派としては、当然の処分でした。

大谷派の次にしなければならない行動は、国家に対し謹慎の意を表明することでした。二十日、大谷派は宮内大臣に書面を提出します。

当時の宗教行政は内務省が管轄していました。しかし書面は内務大臣ではなく、宮内大臣に提出されています。これは、天皇に対する詫び状ということです。直接天皇に手紙を送ることは不敬にあたります。ですから大臣宛に送ったのです。史料を見てみましょう。

東派本願寺管長大谷光演師は、去る二十日附を以って左の如き書面を宮内大臣宛差出したり。

今回幸徳等非常の陰謀を企て国家の秩序を乱して　陛下の宸襟を煩わし奉らんとし殊に教道に従ふものはその実を遮る能はず恐懼に耐へざること切なり、何ぞ計らん連類の内に派内の一員を見るに至りたるは及ばざるを恥づるのみならず統理の責を負ふ能はず、将来王法為本の宗意に基きて益益国家の裨益に尽すあらんことを期す云々宣教御執奏あらんことを期す云ふ文意なりし由（2）

大逆事件を遺憾に思うこと。そして大谷派から関係者を出したことを反省していること。そして、今後も国家に尽していく決意でいること。つまり、自己保身のための手紙だったということです。

ここで、ほぼ同時期の徳富蘆花の言葉を見てみましょう。

出家僧侶宗教家などには、一人位は逆徒の命乞いする者があつて宜しいではない乎。然るに管下の末寺から逆徒が出たと云つては大狼狽で破門したり僧籍を剥いだり、恐入り奉るとは上書しても、御慈悲と一句書いたものが無い。何といふ情けないこと乎。(3)

大谷派は、徳富の言う通りの行動をとりました。顕明のために「お慈悲を」とは言っていませんでした。いや、現在の私が考えても、言うはずはない、と思います。組織は、組織を守るものですから。

そして大谷派は、組織を守るための全国の組長《そちょう》（大谷派行政の最小単位。現在大谷派名古屋教区では寺院を三十二組に分けている。その代表）と視察の任に当たっている僧侶に、さらなる注意を与えています。

客歳極端なる社會主義を取り非常の陰謀を企てたるもの有之侯處右は二諦相依の宗義に背き佛教因果の通則を無にするものに付一派の僧侶心得違あるべからざる旨昨四十三年（十一月諭達）第五號を以て寺務總長まで警告する所有之候然るに此回有首唱を始め夫々刑律に處せられ侯處何ぞ圖らん連累の者派内に存し御門跡にも　至尊に對し奉り恐惶に任へさせられず既に上表謹愼の意を表し併せて益王法為本仁義為先の宗風により末徒の提撕を忽にせざる旨上奏遊ばされ侯條門末一同尊慮を體認し二諦相依の宗義により天恩、國恩の重深なることを諭示すべきは勿論特に組長視察等の職に在る者は組内各寺住職より衆徒家族に至るまで特別の注意を拂はしめ假令ひ本宗門徒稀疎のため従来の教導不行届の地方と雖も此際末々まで瞑認無からしめ侯横注意を怠らざるべし右諭達す
明治四十四年一月二十日
監正部長　大谷　瑩亮　庶務部長　桑門志道（4）

ここには、「法主」が天皇に謹慎の意を表したことを報告するだけでなく、注意を払う対象を「住職より衆徒家族に至るまで」として、今後は僧侶以外の関係者への警戒もするように指示しています。すべては、組織を守るためでした。

（1）本山文書科『宗報』一九一一（明治四四）年一月二五日

（２）『中外日報』中外日報社　一九一一（明治四四）年一月二三日
（３）徳富蘆花『謀反論（草稿）』岩波書店　一九七六（昭和五一）年七月一六日
（４）『紀伊毎日新聞』一九一一（明治四四）年二月三日

秋田監獄

二〇日夕食後、顕明と坂本は看守に呼び出されました。連れて行かれた取調所には、顕明の他に坂本清馬・崎久保誓一・飛松與次郎の四名が集められました。やがて現れた木名瀬典獄は、

今度お前方は秋田の監獄に送られることになつた。お前方の當監獄に於ける行状は一々看守長からあちらの監獄に申し送くるやうにして置いた。秋田は私の郷里である。こちらよりは少しは寒いだらうが、それでも馴れればさうでもない。主義だとか、反抗の精神だとかいふものを心底から棄てゝしまつて、忠良なる國民として聖恩の萬一に報い奉るやう勉めて貰いたいものである。今までは被告人として取り扱はれて居つたが、これからは囚人として取り扱はれるので、少しは不自由もあらうが身體を大事にして服役するやうに……

と訓戒をしたのです。彼等四人はすぐに秋田監獄に送られることになりました。

別室で編み笠、蓙《ござ》（ママ）、草鞋という格好となり、看守長と看守五名に上野駅まで護送されました。列車の一車両が護送のために貸切となっており、その窓には紙が張られ、周囲を見えないように、また周囲から見られないようにしてありました(1)。

トイレは列車のトイレではなく、石油缶がその代わりでした。(2)

車中では、護送中ではありましたがあまり厳しくはされなかったようで、多少の雑談は許されていました。東京から同行している看守長が、「白川も都もその日雪の朝」と句を作ると、顕明は「ヘエー」と感心するという場面もあったようです。新宮では句会に参加していた顕明。一時でも不安を忘れることが出来たのでしょうか。

しかし一月という冬のこと。紙の隙間から見える車窓の雪景色に四人は不安を募らせていきます。飛松が「秋田は随分寒さが酷からうね」と話しかけると、顕明は「私のやうな老人は、秋田に死に行くやうなものだ」と答えました。四七歳という年齢に加え、もともと大変な寒がりの顕明。「殺」を免れてからも、「死」の不安でいっぱいだったようです。

秋田駅へは一月二二日午前六時の到着でした。秋田駅から監獄までは、一人一人馬橇《ばそり》に乗せられます。三〇分ほどで到着したようです。初めての秋田、初めての大雪、初めての馬橇。身体も冷え切ったことと思われますが、到着後すぐに浴場に連れて行かれました。そして初めての夕食。メニューは、暖かな麦飯・馬鈴薯・秋田名物ハタハタ二匹・たくあん一切れでした。お風呂、食事、そして長旅の疲れ。その夜はぐっすり眠った、とも飛松は回想しています(3)。

ここで秋田監獄の部屋を見てみましょう。顕明たちは、「離れ離れの監房に入れられた」のでした。同じ大逆事件の服役囚、万一にも話ができるような状況には置かれることはなかったでしょう。

大きさは三畳ぐらいで洗面所と便所が設置されています。もちろんドアなどはありません。便所はコンクリートでふたができるようになっており、下の方に便器を差し入れるようになっていました。定期的に便器の中のものは回収していたのでしょう。壁は煉瓦の上にコンクリートを塗り、また床の下もコンクリートが張ってありました。窓は一つ。ここから声をかけると隣に聞こえるため、看守に内緒で話をすることもあったようです。もちろん見つかれば「通声」したとして、厳しく取り締まられたということです。寝具は、ゴザを敷いた上に敷布団一枚と掛け布団一枚。秋田の冬の寒さは厳しいものです。坂本は「掛布団を輪にしてしばり、その中にもぐり込んで寝るようにした」と回想しています。(4)

監獄二日目は、課長・看守長・教誨師が視察に来たことと、午後に身体検査を受けただけ。三日目は典獄との面談のみ。四日目からは構内作業に参加させられています。四人としての生活が始まったということです(5)。

顕明らが囚人となったことを最もはっきりと示すのは「六四八」・「六四九」・「六五〇」・「六五一」だと思います。これは数字ではありません。人の名前なのです。秋田監獄で顕明らは、自由と同時に名前も奪われました。「他の犯罪者は皆監房の前の五寸四角の箱に姓名や年齢犯數入獄年月日を記した札を入れてあるのだが、私共のは單に番號を記してあるだけ」(5)だったということです。監獄の中でも「大逆犯」としての特例が存在していたということです。国家は彼等を名前ではなく、数字で呼びました。「六四八」、「六四九」、「六五〇」、「六五一」と。「六四八」は坂本清馬。「六四九」は高木顕明。「六五〇」は崎久保誓一。「六五一」は飛松與次郎でした(6)。

高木顕明の孫の代にあたる高木義雄は、「坂本清馬さんは知っていますか。あの人は無期懲役に減刑されて二人秋田に送られた中の一人で、秋田の監房では斜め向かいの監房にいたそうです。格子戸みたいになっていたから話をずっとしていたというんですよ」(7)とインタビューで答えています。しかし秋田監獄には四人が送られていること。また「斜め向かいの監房」では、通路越しの会話となり、これが看守から見逃されたということは考えにくいこと。後述しますが、坂本は顕明の縊死の事実を詳しく知らないこと。これらを考えると、高木義雄の聞いた話は事実ではないと考えられます。

（1）前掲　飛松與次郎「大逆犯人は甦る　飛松與次郎自傳　中篇」
（2）坂本清馬『坂本清馬自伝　大逆事件を生きる』新人物往来社　一九七六（昭和五一）年七月四日
（3）前掲　飛松與次郎「大逆犯人は甦る　飛松與次郎自傳　中篇」また、前掲「社会主義者沿革　第三」にも二二日とある。
（4）前掲　坂本清馬『坂本清馬自伝　大逆事件を生きる』
（5）前掲　飛松與次郎「大逆犯人は甦る　飛松與次郎自傳　中篇」
（6）坂本が「六四八」であることは　前掲『大逆事件を生きる』より。飛松が「六五一」であることは、前掲『大逆犯人は甦る』より。高木、崎久保の番号が特定できる史料はないが、通し番号であること。また、判決書や「死刑囚武田九平外十一名減刑ノ儀ニ付上奏」で、坂本・高木・崎久保・飛松の順番で名前が記されていることからの推定。
（7）「インタビュー　髙木義雄さんに聞く　祖父・顕明は信念の道を歩んだ人」『真宗ブックレット№8　高木顕明　大逆事件に連座した念仏者』真宗大谷派宗務所出版部　二〇〇〇（平成一二）年五月三〇日

秋田監獄教誨師

顕明たちが送られた頃の秋田監獄の教誨師は、浄土真宗本願寺派の僧侶たちでした。その名前を記すと、

浄土真宗本願寺派　尾原静乗　一九〇九（明治四二）年　九月二九日　から

一九一三（大正二）年　五月七日

同　奥村順敬　一九一〇（明治四三）年　五月一七日　から
一九一二（明治四五）年　四月一八日

同　長塚啓哉　一九一二（明治四五）年　五月一七日　から
一九一三（大正二）年　三月二五日

の三人です。

この後はかつて顕明が所属していた真宗大谷派の僧侶が教誨師となります。顕明と出会っていたと考えられるのは、

真宗大谷派　畠山頼民　一九一三（大正二）年　四月三〇日　から
一九一四（大正三）年　一〇月一六日

同　三森実言　一九一三（大正二）年　五月　七日　から
一九一七（大正六）年　一〇月一二日

の二人でした(1)。

残念ながら、秋田監獄での教誨の記録を見つけることはできませんでした。ただ一つ、飛松

が「秋田に來てから數日目に、教務所の看守が清澤満之著の「信仰座談」なる書物を持つて來て貸して呉れた」(2)と回想したものだけです。これは、一九〇四(明治三七)年二月二〇日浩々洞発行の小冊子、安藤州一著の『信仰座談』(3)の間違いです。ただし、その内容は清沢満之の言葉が数多く記録されています。だから飛松は清沢著と記憶違いをしているのだと思います。清沢も安藤も真宗大谷派の僧侶です。本願寺派の教誨師は、宗派の違いを意識することなく、この小冊子を与えたのでしょう。

外に臨時の教誨として顕明存命中には、一九一三(大正二)年六月二四日に真宗大谷派秋田教務所主催の巡回法話。講師は木津布教使(4)。一九一四(大正三)年三月二六日に、真宗大谷派本山より大谷勝眞連枝と大河内秀雄による教誨が行われていました(5)。

(1)前掲 教誨百年編纂委員会『教誨百年』
(2)前掲 飛松與次郎「大逆犯人は甦る 飛松與次郎自傳 中篇」
(3)『清沢満之全集 第九巻』大谷大学編 岩波書店 二〇〇三(平成一五)年七月二九日
(4)『宗報』本山文書科 一九一三(大正二)年七月二五日
(5)『宗報』本山文書科 一九一四(大正三)年四月二五日

孤独

一九一一(明治四四)年四月四日、堺利彦は秋田監獄の顕明・﨑久保誓一・飛松与次郎・坂

本清馬に差し入れを送りました。『新仏教』四月号を郵送したのです。ところがこの雑誌は届きませんでした。「本書ハ差出人親族ニアラサルノ故ヲ以テ総テ没書」[1]されてしまったのです。他人からの差入れは不可能でした。また、返送されたわけではないので、堺も礼状一枚来ないことに困惑していたことでしょう。

同年六月頃には沖野岩三郎が顕明に宛てて「慰問状」を送っています[2]。恐らくこの手紙は顕明に届いていたことでしょう。しかし顕明からの返信はなかったのではないでしょうか。顕明が東京監獄にいた頃、顕明に手紙を送ったが返事がなかった、と沖野は小説に書いています[3]。沖野との交流は避けていたのでしょうか。

(1) 前掲「社会主義者沿革　第三」

(2)「特別要視察人情勢一班」前掲『続・現代史資料1　社会主義沿革1』

(3) 前掲「T、Kと私の關係」

面会

これらの郵便が秋田監獄に送られる以前。顕明の妻たしは秋田監獄に面会に訪れていたと考えられます。

大逆事件の判決後、堺利彦は「大逆犯」の家族を慰問訪問していました。新宮には、一九一一（明治四四）年五月三日から五日まで滞在し、大石誠之助の家に宿泊していました。この時の史料に「（たしは）過日秋田監獄ニ顕明ヲ訪ヒタル」[1]と記述されています。ということは、顕明が収監された一月二二日から五月二日までに、たしが秋田監獄へ行っていたことになります。

また沖野の小説には、顕明と面会後の「あのA市の雪頃はやり切れない寒さです。Tは間もなく凍えて死んでしまふと思ひました」[2]という妻たしのセリフがあります。Aは秋田市、Tは高木ということです。この言葉も事実とするならば、一九一一（明治四四）年一月か二月の面会だったと考えられます。

沖野はこの面会の理由を証言しています。まず顕明の家族に事件が起こりました。

高木が秋田監獄に入った時、妻のお琴に手紙を送り、浄泉寺はわしが金を出して買い取った寺である。全部の所有権が高木家にあるのだから、お前はそこを動くな。そこに居さえすれば飢える心配は無い。と云いやったのでお琴はそのまま寺に住んでいたが、檀中のある者達から、逆賊の妻子を養うわけには行かないから、出て行ってくれよと云い出した。

というものでした。ただ、沖野は「たし」を「お琴」と記憶違いをしています。たしは、何と

かこのまま浄泉寺で生活したいと考え、沖野に相談したのでした。沖野は、

高木の所有になっている浄泉寺の全部を売り払ってよい――、という高木からの委任状を書き、それを細君に渡して、秋田まで行ってこれに調印してもらっていらっしゃい。そうすれば、檀中からあなたに出て行けと云ったなら、それは出て行きます、しかし出る前に、屋根瓦から畳まで全部売り払って、その後出て行きますと云いなさい。それを云うについてはあなたが高木君から、この浄泉寺を売ってもよいという委任状をもらって来なければならない、その委任状を持っていればあなたには檀中との争いに負ける気遣いはない

と教えたのです。そして、「旅行案内一冊読んだことのない無学な彼女は、監獄にいる夫に会いたい一心で、やみくもに秋田へ出かけて行った」のでした。自分と養女加代子の生活を維持するため、必死の思いでいるたしの姿が浮かびます。

面会室で、たしは顕明に委任状に就いて話をしました。すると、

高木は大声で、お琴、こんなことは誰が考えたのか、あの寺はわれわれに所有権があるのだ、わしが監獄に入ろうと罪人になろうと、国賊だと云われようと、所有権にくるいはないのだ、お前はあの寺にいて仏壇を守っておれば、食いはぐれはないのだ、売って出て

行ってしまえばそれきりだということを考えなければならない。だからこの書類に判を捺すことは容易に承知出来ない。

と顕明は答えました。しかし、たしは引き下がりませんでした。「ぜひ調印してほしい、私には私の考えがあるから」と訴え、やっと顕明の承認を得たのでした(3)。生活を守るために必死のたし、顕明も、迫力負けをしたのではないでしょうか。と同時に、家族の生活が逼迫していること、そして自分自身が無力であることを痛感したに違いありません。

その後は夫婦の対話が続き、永遠の別れとなりました。穏やかな時間だったことでしょう。そして悲しい時間だったことでしょう。少し長いのですが、その場面を沖野の小説からそのまま引用してみます。あえて私のコメントは付け加えません。

私がＴに面會した時、Ｔは氣を張り詰めてゐると見え、なかなか確りしてゐました。東京の監獄では低聲で唱名《（ママ）》しても看守さんかに叱られたが、今は絶えずお念佛を申してゐるといふ言葉の下から、ナムアミダブツと唱へました。私も一緒に唱名いたしました。それから用件を濟して傍らにいらつしつた看守さんが、もう時間だと仰しやつた時、私はこれがＴと此世での會ひ納めだと思ひました。元來寒氣に堪へ難い身體ですのに、あのＡ市の雪頃はやり切れない寒さです。Ｔは間もなく凍えて死んでしまふと思ひました。ですから此際假令一秒時間でもTと一緒に居てやりたいと思ひましたので、看守さんに《どうぞお先へ。》と申しますと、看守さんは私を残してお先に室の外へ出て下さいました。それはホンの三秒か四秒の短い〳〵間でしたが、私はTと狭い冷たい室の中に、たつた二人つきりで居る事が出來たのです。けれども物を言ふ暇もありませんから、私は黙つて點頭き《うなづき》ました。Tはぽと〳〵と涙を板の室に落としてゐましたが、私が戸の外に出た時、恐ろしい大きな聲で《頼むぞ！》と叫びました。あの聲は屹度最後の聲です！(4)

（1）「堺利彦、陰謀事件関係者遺家族慰問ノ旅行顛末　附　大石誠之助遺物ノ処分」前掲「社会主義者沿革　第三」
（2）前掲　沖野岩三郎「われ患難を見たり（四）」
（3）前掲　沖野岩三郎「大逆事件の思い出（一）　回想の人々」
（4）前掲　沖野岩三郎「われ患難を見たり（四）」
注　前掲『高木顕明の事跡に学ぶ学習資料集』では、一九一四（大正三）年六月に、妻たしが顕明と面会したとしている。根拠は不明。

顕明の家族

顕明の認識は甘いものでした。確かに浄泉寺は、顕明が八〇円で「購入」したものです。彼ら夫婦の財産ともいえます。しかし事実としては、たしと加代子は浄泉寺からの退去を迫られていたのです。現実は、もっともっと残酷なものでした。

前述の、新宮を訪問した堺利彦の報告がありました。そこでは、たしが秋田監獄に面会に行ったことが大問題となっていることが記されています。新宮の習慣では、顕明の妻たしに婿を迎え新住職にする、となるはずだったというのです。しかし、この習慣のためには、顕明とたしが離婚しなければなりません。はるばる秋田監獄へ面会に行った妻たし。とても離婚に応じるとは考えられなかったのでしょう。

浄泉寺の門徒たちは、必死に浄泉寺を守ろうとしました。そのための習慣だったのです。妻たしも娘加代子の生活も保障されることになるのです。しかし、たしの行動はこの習慣を否定するものになりました。やむなく、浄泉寺から「放逐」することになってしまったのです⑴。

顕明とたしの娘、加代子は養女でした。加代子は一九〇一（明治三四）年八月一一日生まれ。愛知県から二歳のときに新宮に来ました。顕明とたしの正式の養女となったのは、一九〇七（明治四〇）年三月八日です。また不思議なことに、いったん新宮の平石時次郎とみちよの養妹となり、そこから顕明とたしのところへ入籍しています⑵。

池田士郎氏の研究によれば、加代子は小学校四年生の時、名古屋大須の芸者置屋に売られたといいます⑶。堺の訪問は一九一一（明治四四）年のこと。加代子が小学校四年生なのも一九一一（明治四四）年。たしと加代子が浄泉寺を出たのは、一九一一（明治四四）年と見たほうがよいでしょう。

浄泉寺を出て、たしは名古屋在住で片山宗六と結婚していた妹のサトを頼ります。しかし明治の時代、子供を抱えた女性が生活していくことは大変困難だったに違いありません。それが加代子を手放す理由だったのではないでしょうか。加代子の芸者置屋を紹介したのも地元に住むサトだったかもしれません。

一九二三（大正一二）年一〇月二一日、たしはサトの家で死亡しています(4)。

（1）前掲「堺利彦、陰謀事件関係者遺家族慰問ノ旅行顛末　附　大石誠之助遺物ノ処分」
（2）前掲「高木顕明戸籍謄本」
（3）池田士郎「「大逆事件」を背負った女の一生」前掲『高木顕明の事跡に学ぶ学習資料集』また、この資料集の年表では、たしが浄泉寺を出たのを一九一四（大正三）年としている。根拠は不明だが、これが事実ならば、加代子だけ先に浄泉寺を出されたことになる。
（4）前掲　伊串英治「高木顕明の名古屋時代」

顕明の死

秋田監獄に送られて三年後、顕明の命が尽きました。縊死《いし》を選んだのです。一九一四（大正三）年六月二四日のことでした。

当時、顕明の縊死については様々なうわさがあったようです。獄中のこと、確実な情報は伝達されなかったようでした。当時のうわさを確認しておきましょう。

一九一四（大正三）年一〇月一五日、月刊『平民新聞』が創刊されます。これは社会主義者大杉栄・荒畑寒村らによるものでした。この創刊号に大杉栄による、大逆事件無期懲役者の消息が紹介されています。

高木顕明君（秋田監獄）「在監中病を得たといふことを側《かす》かに聞いたが、薬石更に効なく、去る七月中、遂に不帰の客となつた。憐れむべし」

東京には病死と伝わったようです。また命日は「七月」ではありません。「うわさ」の域を出ない情報です。ということは、一般の新聞には顕明の死は報道されていなかったということがわかります。

次に顕明の死を記したのは、一九一九（大正八）年七月五日発行の沖野岩三郎『生を賭して』でした。

獄中で五年を過した彼は千九百十五年の六月二十三日其処で死んだと云ふ通知を其妻女から受けたが、別に何も言添えて来なかつた。或は発狂して死んだのだとも噂されて居た。(1)

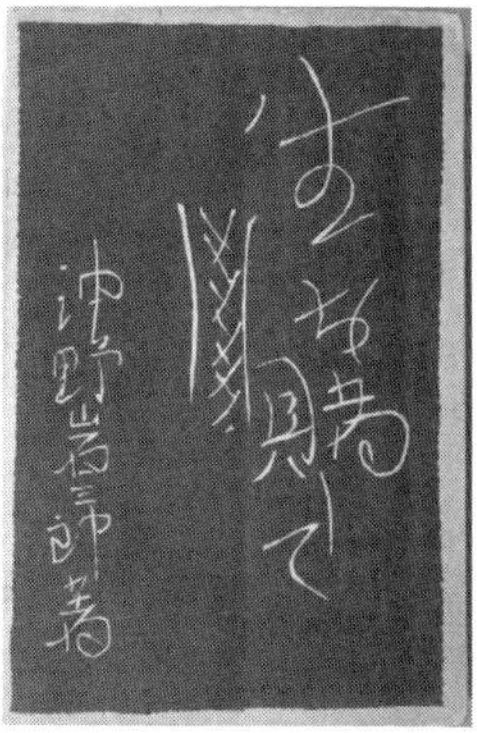

『生を賭して』

ここでも命日が間違っています。これは多分沖野の記憶違いによるものでしょう。沖野に手紙を出した顕明の妻たしが、間違った命日を伝えたとは考えられないからです。ただ、たしは死因を伝えませんでした。彼女の悲しみの深さが見えるようです。沖野は一九一七（大正六）年まで新宮に住んでいました。「発狂して死んだ」というのは、新宮で流れていたうわさということになります。

また沖野は晩年、自分の想像も発表しています。

高木顕明はその無期徒刑組のひとりとなつて辛うじて生命を保つていたが、ついにあの寒さのきびしい秋田監獄へ送られてしまつた。彼は人並みはずれた寒がりやで、雪の降らない南国の紀州新宮の町でも、秋から冬にかけて紀州ネルの大巾《おおきれ》で作つた頸巻《くびまき》を、頭からすつぽりと巻いて、炬燵にかじりついている男であつた。其れが秋田監獄の火の気のない板間の上で、がまんの出来るはずはない。とうとう三月経たないうちに彼は、寒さに堪えかねて自殺してしまつたのである。(2)

この文章の場合、「顕明は寒がり」というのが事実で、あとは沖野の空想です。事実を知らない人にとっては、説得力のある話になってしまうでしょう。しかし顕明の入獄が一九一一（明治四四）年一月二二日。縊死が一九一四（大正三）年六月二四日であることを知っていれば、「三月経たないうち」が沖野の記憶違いであることがわかります。そして、六月二四日という暖かい時期に「寒さに堪えかねて自殺」するはずはないこともわかるでしょう。

もう一つ。自死の直後、秋田監獄内でのうわさ話も残されています。それは顕明と同時に秋田監獄に収監された坂本清馬の証言です。

大正六年、同じ秋田に来ていた高木（顕明）が自殺した。高木は年もとっていたし（大逆事件の被告中最年長で、この時五十四歳だった）作業もやりたくないので、病監に移してくれと請願したが許されなかった。実際は環境の激変で、身体の具合も悪かったのではなかろうかと思うが、病監に行けないのを悲観して、首をくくって死んだということになっている。

「死んだということになっている」という表現からも明らかですが、当時秋田監獄ではこのようにうわさされていたのでしょう。もちろん命日も間違っているし、顕明の年齢も五〇歳です。また、看守の話によると、看守の見まわりに来る直前に首をくくり、病監送りになろうと思ったのが、看守が怠慢で、見廻りに行くのが遅れた為、見回って発見した時には手遅れとなってしまったのではなかろうかと言っていた。(3)

と、看守から聞いたうわさ話も紹介しています。

「事実」と「うわさ」・「空想」の違いが見えてきます。もちろん一九四五(昭和二〇)年の敗戦以前は、確実な調査は不可能だったでしょう。しかし戦後になっても、調査もなく、確認もなく顕明を語ったことは感心できません。残念ながら、調査・確認なく顕明を語る人々は、現在でも見られます。「うわさ」・「空想」を語るのではなく、可能な限り「事実」を調べることが必要と思います。

それでは、事実としての顕明の自死はどういうことなのでしょうか。これは国の側がきちんと調査・分析をしていました。

一九一二(大正元)年九月二六日、恩赦令・大赦令が公布されます。恩赦・大赦とは、天皇の命令によって、受刑者の罪が減刑されるという命令です。この時の恩赦・大赦は、明治天皇が死去したことによるものでした。しかしこの時には、大逆事件で収監されている受刑者には適用されませんでした。顕明の無期懲役は減刑されなかったのです。この時の期待と落胆を飛松が回想しています。

九月一三日、御大葬の當日、大赦、特赦、減刑の恩典があるとのことで、囚人達の面には、何としても包みきれぬ期待の色が浮かんで居た。私自身も、或は恩典に接することが出來るかも知れない、といふ私《ひそ》かな期待の心が浮んで居たことを偽り得ない。しかして、數日の後、何百名かの囚人が、恩典によつて出獄したことを聴いた時には、何となく拍子抜けがしたやうな気持ちになつたことも事實であつた。(4)

顕明の期待と落胆も同じようなものであったでしょう。

つづいて一九一四(大正三)年五月二四日にも恩赦が出されます。昭憲皇太后(明治皇后)の死亡によるものでした。この時は大逆事件関係者のうち、有期刑(爆発物取締罰則違反)だった新田融が懲役一一年を八年三カ月に、新村善兵衛は八年を六年に減刑されています。しかしやはり無期懲役のグループには、何の減免措置もとられなかったのです。顕明は、これらの大赦・恩赦に大いに減刑を期待していたようでした。

内務省警保局がまとめた「特別要視察人情勢一斑　第四」には、こう記されています。

前期二回ノ恩赦ハ陰謀事件関係者ニ及ハサリシ為秋田監獄ニ服役セル高木顕明ハ教誨師又ハ獄吏ニ対シ入獄以来一般囚人ニハ既ニ二回ノ恩赦アリシモ己ノ之ニ浴セサルハ遺憾ナ

リト口外シ憂鬱トシテ時ニ厭世的言辞ヲ洩ラスコトアリシカ大正三年六月二十四日看守者ノ隙ヲ窺ヒ監房内窓格子ニ帯ヲ結ヒテ縊死ヲ遂ケタリ（5）

顕明の縊死は、二度の減刑機会を失ったことにありました。一度目は、事件から二年後のことです。顕明もたいした期待は持っていなかったことでしょう。しかし二度目の機会には、大きな期待を持っていたのです。すでに浄泉寺には帰れなくなっています。浄泉寺に帰るという期待は持っていなかったことでしょう。大谷派からも永久追放されています。僧侶の仕事にもどるという期待もなかったでしょう。だから顕明は自分残された唯一のもの。家族との生活を夢見ていたものと思います。それがかなわないと知った時、縊死という選択をしてしまったのでしょう。

顕明の縊死は、恩赦の出されたちょうど一カ月後のこと。そして太陽暦でいえば、顕明の誕生日だったのです。五〇歳の誕生日でした。もちろん、顕明は幕末の生まれ。誕生日は、太陽暦の六月二四日ではなく太陰暦の五月二一日と思っていたでしょう。そうでなければ、あまりにも悲しい事実です。

顕明の遺品の一部は、たしの手により名古屋の法藏寺へ収められました（6）。顕明の故郷への思い、浄土真宗への思いが伝わってくるようです。

（１）前掲　沖野岩三郎「T、Kと私の關係」を賭して』注「発狂」は差別用語
（２）前掲　沖野岩三郎「大逆事件の思い出」
（３）大逆事件の真実を明らかにする会編『坂本清馬自伝　大逆事件を生きる』新人物往来社　一九七六（昭和五一）年七月四日
（４）前掲　飛松與次郎「大逆犯人は甦る」
（５）前掲『続・現代史史料　１　社会主義沿革１』縊死の理由をはっきりさせた最初のものは、神崎清『革命伝説　４　大逆事件の人びと』芳賀書店　一九六九（昭和四四）年一二月一〇日　が最初。史料として、内務省警保局編『特別要視察人近況概要』を紹介している
（６）前掲　伊串英治「髙木顕明の名古屋時代」なお、遺品は名古屋空襲により焼失。

未完成の顕明

顕明は縊死してしまいました。厳しいことを言うようですが、顕明は未完成のまま人生を終えてしまったのです。顕明は、まだ「平等」には至っていなかったのです。

顕明の調書です。

問　其方ノ寺ノ門徒ニ特種ノ人間カ居ルト言フノハ如何

答　実ハ私ノ口カラハ申シ難イノテスカ新平民カ居リマス(1)

なぜ「私ノ口カラハ申シ難イ」のでしょうか。被差別部落の人たちが浄泉寺の門徒であることは事実です。ではなぜ「申シ難イ」のか。それは被差別部落の人が門徒であることを恥ずかしいと考えていたからでしょう。顕明は被差別部落の人たちを、身分の低い人たち、と思う感覚が抜け切っていなかったのでしょう。

顕明の反差別は、貧しさを問題とするものでした。経済的差別については、完全に否定していました。しかし身分的差別については、完全否定に至っていなかったのです。顕明の内心には、身分的差別観の残りカスがありました。大逆事件は、顕明の進化、顕明の深化を止めてしまったことになります。

(1)前掲「被告人高木顕明調書」

完成の可能性

顕明の人生は終わりました。しかし顕明の姿勢は消え去っていなかったと考えています。それは、私の考えではありません。浄泉寺門徒の姿勢からわかるのです。

時は流れ、一九四〇(昭和一五)年。日中戦争の真っ只中のことでした。このころ、国家神道は完成期にありました。仏教はその教えを完全にねじ曲げ、国家神道に従属していたのです。全国各地では、各家庭に半強制的に神棚が設置され続けていた時代です。

「逆徒の寺」であること。被差別部落であること。顕明亡き後も浄泉寺の門徒でありつづけた人々は、いくつもの理由で偏見の目で見られ続けていたはずです。しかし、彼らは浄土真宗であり続けようとしていました。

特高警察のまとめた「真宗門徒に対する神棚設置運動の状況」という報告には、こうあります。

新宮市○○区は所謂要改善地区にして戸数七十三戸、人口二百三十余名を数へ居れるが、全区民悉く真宗の檀信徒にして阿弥陀如来の信仰極めて強く、為に予てより諸他神仏を祭祀する等のこと絶対になく、各戸神棚等の設けあるを見ざる実情にありたり。

髙木顕明愛用の硯箱。浄泉寺蔵

浄泉寺門徒は真宗門徒です。阿弥陀如来だけを信仰し、神棚を設置していなかったのです。もちろん時代が時代です。神棚を設置しようという動きも出てきました。しかしそこでの反応は、「信仰には二心あってはならぬと教へられ、今日迄は只管阿弥陀仏に縋って来た。我々は斯く信仰上絶対に二心を持たずに来たものに、今更神を祀れと言ふことは直ちに賛同致し兼ねる」というものでした。

ただ、少しずつ神棚は設置されていきます。それについて特高警察は、「一般には内心的信仰信念は別論として一応右運動に賛し」(1)ていると言っています。特高警察から見ても「内心的信仰信念は別」にしていたのが浄泉寺門徒でした。

もちろん当時の浄泉寺住職山口大信の指導もあったことでしょう。しかし浄泉寺門徒はこのような姿勢を持った人たちだったことは間違いないのです。

この門徒にして、この住職あり。顕明が完成する可能性は、浄泉寺門徒にあったのだと思っています。

(1) 明石博隆　松浦総三　編『昭和特高弾圧史4　宗教人にたいする弾圧』太平出版社　一九七五(昭和五〇)年七月一〇日。◯◯は著者による伏字。

高木顕明の墓と顕彰碑。新宮市南谷墓地

第六冊目（6／28）調書

証人　高木顯明

被告人、幸徳傳次郎、新村忠雄、宮下太吉、古河力作、菅《ママ》野スカ、新村善兵衛、新田融、大石誠之助、森近運平、奥宮健之、刑法第七十三条ノ罪被告事件ニ付明治四十三年六月廿八日東京地方裁判所ニ於テ大審院特別権限ニ属スル被告事件

予審掛　判事　潮恒太郎

裁判所書記　中島信一

列席ノ上判事ハ証人ニ対シ訊問ヲ為スコト左ノ如シ

一、問、氏名ハ

答　高木顯明

二、問　年齢ハ

答　四十七歳

三、身分ハ

答　平民

四、問、職業ハ

答、僧侶

五、問　住所ハ

答、和歌山県東牟婁郡新宮町　浄泉寺

判事ハ刑事訴訟法第百二十三条第一号乃至第四号、及ヒ第百二十四条第一号乃至第六号ニ該当スルモノナルヤ否ヤヲ調査シ、其該当セザルコトヲ認メ証人トシテ訊問スベキ旨ヲ告ゲ宣誓ヲ為サシメタリ

六、問、証人ハ浄泉寺ノ住職デアルカ

答、左様デス

七、問、大石誠之助トハ懇意デアルカ、

答、左様デス、

八、問、何時頃カラ如何ナル関係デ懇意ニナツタカ、

答、両三年前浄泉寺ニ於テ学術講演會ガアリ、大石モ出席シマシタ。其頃ヨリ懇意ニシテ居リマス、

九、問、大石ハ社會主義ヲ奉ジテ居ルカ

答、左様デス、

一〇、問、大石ハ無政府共産ト云フ事ヲ主唱シテ居ナカツタカ、

答、只社會主義者デアルト云フ事丈ケハ聞イテ居リマス、

一一、問、大石ハ社會主義ノ傳道ヲシテ居タカ、

答、新聞等ニハ少シ書タ様ナコトガアルト思ヒマス、

一二、問、如何ナルコトヲ新聞ニ書イタカ、

答、詳シクハ覚ヘテ居リマセヌガ現今經済上ノ分配方法ガ悪イ。之ヲ改良シテ行ケバ、初メハ、異働異分ト言フ事ニナルデアロウガ　結局ハ異働随分ト言フコト

ニナルデアロウ、ト言フ様ナ趣意デアツタト思ヒマス、
一三、問、異働異分トハ如何、
答、各人ノ働ニヨツテ財産ヲ分ツト云フ様ナ譯デアリマセウ、
一四、問、異働随分トハ如何、
答、働キハ差異ハアツテモ、各人ノ生活ニ必要ナル部分丈ケ財産ノ分配ヲ受クルト云フ事デセウ、
一五、問、夫レハ共産ト云フノデハナイカ
答、其辺ハ能ク存ジマセヌ、
一六、問、証人ハ新村忠雄ヲ知テ居ルカ
答、新村忠雄ハ昨年春ヨリ夏頃迄大石方ニ滞在シテ居リ知合ヒニ、ナリマシタ、
一七、問、忠雄モ社會主義者ナルカ、
答、左様デス、
一八、問　忠雄ハ如何ナル説ヲ唱ヘテ居タカ、
答、自分ハ「アナキスト」デアルカラ直接行動ヲトル、ト申シテ居マシタ。夫レデ私ハ内乱デモ起スノカト思テ居リマシタ。
一九、問、忠雄ハ大石ガ主義ノ運動ニ付キ冷淡デアルト云フ様ナ事ハ申サナカツタカ、
答、忠雄ハ、大石ハ金持チデアリ乍ラ我々ニ小遣銭ヲモ充分ニ呉レズ、我々ノ一身上ニ付テモ、一向世話ヲシテ呉レズ、甚ダ冷淡デアル、従テ何ヲ相談シテモ要領ヲ得ナイ、ト云フテ憤慨シテ居リマシタ、
二〇、問、忠雄ハ自己ノ身上以外ニ何カ、大石ニ相談シタカ、
答、夫レハ存ジマセヌガ、忠雄ノ申ス処ハ忠雄ノ一身上ニ関シ、大石ガ冷淡デアルノヲ主トシテ憤慨シテ居ル様ニ私ハ聞取リマシタ、
二一、問、忠雄ガ大石ニ対シ主義ノ運動上ニ付キ何カ相談シタルニ大石ハ應ジナカツタト云フ様ナ事ハナイカ、
答　左様ナコトハ一向ニ存ジマセヌ、
二二、問、証人ハ社會主義ヲ奉ジテ居ルカ
答、私ハ社會主義ヲ奉ジテハ居リマセヌガ、大石等ヨリ書物ヲ借リテ社會主義研究ハ致シタコトガアリマス、又東京ヨリ無名デ社會主義ノ書タモノヲ送ツテ貰タ事モアリマス、
二三、問、之ハ大石ヨリ寄越シタモノカ、
此時押第一号ノ二〇〇ノ三ヲ示ス、
答、左様デス、一昨年頃ト思ヒマス幸徳ガ土佐ヨリ上京スル途中大石方ニ滞在シ、私モ近ヅキニナリマシタ、然ルニ幸徳ガ出立スル際見送ラン為ニ、出立時刻ヲ大石ニ問合セタルニ、其返書ガ来マシタ、
二四、問、此葉書ハ如何、
此時同号ノ二〇一ノ四ヲ示ス、
答、夫レハ宇都宮卓爾ヨリ寄越シタ葉書デス、
二五、問、右葉書ニハ「僕ハ此頃更ニ現社會破壊ノ念ヲ深クシタ」トアルガ如何ナル譯カ、
答、矢張リ内乱デモ起スト云フ事デセウ、
二三、問、尚右葉書中ニ、「起ツテ大イニ遣ル時ガ来テルデハナイカ云々」トアリ如何、

答、宇都宮モ大石方ニキテ居ル際近ヅキニナツタノデスガ、同人ハ其ノ様ナ傲慢ナ事計リ書イテ寄越ス男デスカラ私ハ返書モ出サナカツタノデス、

二七、問、之ハ百瀬晋、福田武三郎ガ証人ニ寄越シタ手紙カ、此時、同号ノ二〇〇ノ二ヲ示ス、

答、左様デス、両人共社會主義者デス、

二八、問、右手紙中ニ百瀬カラ大石ニ宛テタ手紙ガアツタカ

答、左様デス、其手紙ハ大石ニ届ケマシタ、

二九、問、之ハ新村忠雄ヨリ証人ニ寄越シタ手紙カ、此ノ時、同号二〇〇ノ一ヲ示ス、

答、左様デス、

三〇、問、之モ皆新村忠雄ヨリ証人ニ寄越シタ葉書カ、此時、同号二〇一ノ一、二〇一ノ二、二〇一ノ三ヲ示ス

答　左様デス。

三一、問、右葉書ニヨルト忠雄ハ再ビ新宮ニ参ル意思ガアル様ニ見ヘルガ如何、

答、忠雄ハ新宮ヲ出立スル時、当地ハ氣候ガヨイカラ再ビ来ルガ大石方ハ面白クナイカラ、何処カ安ク置イテ呉レル所ハナイカ、ト云ツテ居リマシタ。

三二、問、之ハ証人ガ書イタ原稿カ、此時同号ノ一九九を示ス、

答、左様デス。

三三、問、如何ナル趣意デアルカ、

答、私ハ真宗大谷派ノ僧侶デス。夫レデ南無阿弥陀佛ノ信力ニヨリ心霊ノ平等ヲ得、之ニ依テ社會主義者ノ所謂平等ノ域ニ達セントシテ、議論ヲ書タモノデス。

三四、問、夫レデハ、証人モ矢張リ終局目的ニ於テハ社會主義ト同様ノコトヲ云フノカ、

答、左様デス、尤モ私ハ宗教ニヨツテ其目的ヲ達セントスルノデアリマス、

三五、問、之ハ証人ガ持テ居タモノカ、此時同号ノ一九八ヲ示ス、

答、夫レハ以前東京ヨリ無名ニテ送ツテ寄越シタモノデス。

三六、問、右書面中ニ鉛筆ニテ廣野與曽吉、久保善作ナル者ノ名前ガアルガ如何、

答、夫レハ私方ノ門徒ニテ、廣野ハ本山ヨリ阿弥陀様ヲ請ケテ呉レト依頼シ、久保ハ法要ニ来テ呉レヨト申シテ来リシニヨリ、何心ナク心覚ヘニ書イテ置キマシタ。

証人　高木顯明　印

右讀聞ケタルニ相違ナキ申立署名捺印シタリ

裁判所書記　中島信一

予審判事　潮恒太郎

證人高木顕明訊問調書

明治四十三年七月七日和歌山地方裁判所田邊支部ニ於テ成石平四郎爆発物取締罰則被告事件ニ付予審判事ノ訊問證人高木

顕明ノ答述左ノ如シ

1 問 氏名年齢、職業、住所ハ如何
答 氏名 高木顕明
年齢 四十七歳
職業 僧侶 浄泉寺住職
住所 東牟婁郡新宮町字馬町

2 此ノトキ予審判事ハ前記被告人ノ氏名被告事件ヲ告ケ刑事訴訟法第百二十三條及第百二十四条第四號以下ノ各號ヲ解示シテ其関係抵觸ノ有無ヲ問ヒタルニ関係抵觸ナキ旨ヲ答タリ

茲ニ於テ予審判事ハ前記被告事件ニ付証人トシテ宣誓セシメ之ヲ訊問セリ

3 問 学歴信教ハ如何
答 学歴ハ真宗中学ヲ出マシタタケデ別ニ学歴トテハアリマセンカ十四五歳ノ頃小学校ノ助教ヲシタコトアリマス真宗中学ヲ出マシテ尾州養源寺ノ書生トナリ年来所々ノ寺ヲ経テ明治三十年只今ノ浄泉寺ノ住職トナリマシタ

4 問 社會主義者ト為リタル由其来歴、主義等如何
答 主義ト云フ程テハアリマセヌガ研究致シマシタ

5 問 真実ヲ申立テヨ
答 実ハ偽リデシタカラ御訂正ヲ願ヒマス社會主義者デアリマシテ其最初ハ明治三十七年万朝報ヨリ幸徳、堺、内村ノ三人分離スル時否開戦論ノ宣言書ヲ仝人カ出シ之ヲ読ミ社會主義研究心起リ明治三十八年頃光ト云フ新聞ヲ取リ幸徳、堺及西川光次郎等カ社會主義ヲ鼓吹スル文章ヲ読ミ次テ日刊平民新聞ト云フ同主義ノ新聞ヲ取リ夫ヨリ大石ト交際ヲ始メシニ仝人ハ純然タル無政府共産主義デアリマシテ年来度々大石ト往復シ仝年中仝主義ノ社会主義者トナリマシタ其后ノ来歴ハ仝年中平民新聞ハ廃刊トナリ其時東京ヨリ宇都宮、百瀬晋ノ二人大石方ヘ來リ二ケ月滞在シマシタ其間時々訪問両人トモ懇意トナリ同三十九年大石、徳美ト私ノ三人相談シ談話會ヲ開キ社會主義ノ人モ其以外ノ人モ来会シテ居リマシタ処四十年中大阪ヨリ森近運平カ来リ五、六日滞在シ居リ私ハ一度大石方ニ行キ面會シタルニ其席上ニテ成石ニ面會シマシタ之レカ成石ト初対面デス其際森近ノ話ニハ社會主義ノ為メニ総同盟罷工ヲシテ即チ政事ノ機関モ同盟罷工ヲサセ無政府主義ヲ貫キヌ労働者ト資本主ト均一ニセネバナラヌト申シテ居リマシタ次ニ又一度大石方ニ行キ面談ヲ致シ仝様主義ノ話ヲ聞キ私ハ大ニ熱度ヲ高メ森近カ立去ル時大阪マテ仝行シテ参リマシタ四十一年六月赤旗事件ガ起リマシテ仝志ノ者ハ入監ノ身トナリ仝十月幸徳ガ東京ヘ行ク途次大石方ヘ数日滞在シ私ハ二度面会シマシタ一度ハ大石方ニテ面談致シマシタ其時成石ト熊本ニ居ル大石ノ甥ト居り峯尾モ次テ来リマシタ幸徳ハ言語ヤ文章ヲ以テスヘキ時機ニアラズ直接行動スヘキ時ナリト言ヒ居リマシタ次ニ私方ノ談話會ニテ面會シ其談話ノ要領ハ米国ハ貧富ノ懸隔甚シタ為ニ米国ノ同志ノミナラス露西亜ノ同志ハ位階ヲ擲チ決死トナリ米国ニ行キ労働者トナリ刊行物ヲ配布又遊説等シテ主義ノ実行ニ尽ス自分ガ米

国ニ行キシトキ是等ノ人ニ面会シタルニ日本ノ社會主義ノ者ニ同情ヲ寄セ居ルト言フテ居リマシタ其談話ハ吾々同志ノ者ニ感動ヲ与ヘ熱度ヲ高メマシタ此時幸徳ノ帰ルトキニ見送リセント思フテ参リマシタラ既ニ出発后テアリマシタ四十一年十一月頃大石ハ東京へ行クトテ新宮町字大道ニテ車上ヨリ人ニ一寸東京へ行クト言フテ居ル処へ私カ行キ合セマシタ夫テ大石カ東京へ行クコトヲ知リマシタ十二月上旬帰リ一週間許リ過キタル頃私ノ不在中へ二人ノ者カ大石方ヨリ使ト為リ呼ニ参リ私ハ午后七時頃帰宅シ妻ヨリ其事ヲ聞キ早速大石方へ参リタルニ裏ノ二階ニ大石、成石、崎久保、峯尾等集リ居リ私ハ其時成石ノ紹介ニテ崎久保ニ初対面シマシタ大石ハ一同ヲ呼ビ招キ相談スルノデアルガ東京カラ話ヲ聞テ来タト申シテ将来ノ主義拡張方針ノ話ヲ致シマシタ次第テス

6 問 其方針如何

答 何カ将来事業ヲ起スト云フ様ナコトデシタ

7 問 何ノ事業ナリヤ

答 判リマセン

8 問 左様ナル筈ナシ証人ハ嚢ニ直接行動ヲ取ルベキ必要アリト主義者等ガ申シ居リタリトノコト故事業杯ノ話ニハアラスト思フ如何

答 恐レ入リマシタ

9 問 然ハ如何

答 実際ハ大石ノ申スニ東京ニ行キ幸徳其他ノ同志ト話シテ来タガ幸徳ノ言ニ吾々ノ主義ハ直接行動ニテ無政府ニスル時機デアルカラ病身ニテ迚モ長生モ出来ヌカラ死ヲ決シ実行シテ見タイト思フ夫レニ付東京ニモ二三ノ決死ノ者ガアルカラ外ニ二三十人ノ決死ノ者ガアレバ十分ニ目的ヲ達スルコトガ出来ルカラ東京ノ諸官署全体ヲ焼キ拂ヒ大臣等ヲ暗殺スル為メ爆裂弾ヲ使用シテ夫ヲ遣ロート言フテ居ルカ如何テアロート相談ヲカケラレマシタ成石ト峯尾ハ賛成ダ死ヲ決シテ共ニ遣ルト答ヘマシタ其時大石ハ皇室ノ方ハ警衛カ厳敷イカラ思フ様ニ行カヌカモ知レヌト申シマシタ成石ハ此処ニサヘ此ノ通リ決死ノ者ガアルカラ日本ノ同志ノ中ヨリ撰ベバ二十人ヤソコラノ決死ノ者ハ直ニ出来ルト言ヒ出シマシタ崎久保モ賛成シ私モ賛成致シマシタ然ルニ私ハ其実行ノ事ノ衝ニ当ルコトハ出来ヌカラ按摩ニ為ツテ伝導ノ方ニ勉メルト答ヘマシタラ崎久保モ亦身体ハ弱シ膽力ガ無イカラ実行ノ衝ニ当ルコトハ出来ヌカラ新聞記者ニデモナリ鼓吹ノ方ニ尽力スルト申シマシタ其時大石カラ「スシ」ノ御馳走ニナツテ一同立帰リマシタ

10 問 其時天皇ニ対スル話ハ出テザリシヤ

答 天皇ト明ニ話ハ出マセナンダガ東京全体ノ諸官署ヲ焼キ無政府ニスルト申シマシタノミナラズ大石ガ皇室ノ方ハ警衛力充分デ思フ様ニ行カヌカモ知レヌト申シマシタカラ含ンテ居ルモノト思ヒ聞キ取リマシタ

11 問 何時決行スルトノ話カ

答 何時ト定マッタ話ハアリマセン只セネバナラヌト云フ話デシタガ其話ノ中ニ赤旗事件ノ入獄者ノ出ルノヲ待

テ其時遣ローカト言フ話モアリマシタ

12 問　夫ハ何人ノ言カ

答　大石ガ申シマシタノデスガ其時遣ローカト言フ話ダケデ必ラズ入獄者ノ出ルノヲ待ツテ遣ロート云フ定マッタ時期ノ話デハアリマセン

13 問　前陳ノ爆裂弾ハ如何ニシテ手ニ入レ如何ナル機会ニ実行スルトノ話ナリシヤ

答　其辺ノ話モアリマセナンダ

14 問　何カ類似ノ話ナキヤ

答　東京ノ電燈會社ノ内ニ同志ガアルカラ

此時証人ハ今ノ答ハ後ノ事テシテ間違ツテ居ツタカラ御取消ヲ願フト申立テタリ

15 問　翌四十二年三月新村ガ大石方へ来リクル由其前后ノ様子如何

答　大石ガ前陳東京ニ行キシ時新村ト約束シタ為メ来タモノカト思ヒマス来ル后私ハ新村ト初対面ノ挨拶ヲ為シ懇意トナリマシタ二三日ノ后崎久保ガ江州トカ京都カノ新聞社へ参ルトテ夫レカ為メ私、大石、峯尾、カ崎久保新村両人ノ送迎ヲカネ写真トリ大石方ニテ御馳走ニナリマシタ其時即チ前申シカケマシタ電燈會社ノ話ガ出タノデアリマシテ新村ノ申スニハ直接行動ヲ取ルニ付テハ爆裂弾ノ外ニ東京電燈會社ニ同志ノ者ガアルカラ一時ニ多量ノ電氣ヲ諸官署へ送リ尚又市中ノ民家へモ送り火事ヲ起ス様ニシ爆烈弾ト合セテ遣レハ充分目的ヲ達スル積リデアルト申シテ居リマシタ之レガ新村ノ来リシ最近前后ノ状況デス

16 問　左スレハ新村ノ其話ハ前陳大石方ニテ爆裂弾ニテ諸官署云々ノ相談ヲ受ケタリト云フコトト同一ノ事柄ニ付テノ話ナリヤ

答　左様ニ明ニ引続イタ話ト云フノデモナシ只新村ガ左様ニ申シタダケデアリマス

17 問　其際居合シタル人名ヲ今一度申立テヨ

答　崎久保、峯尾大石新村ト私トテアリマス

18 問　成石ハ如何

答　居ラナンダト思ヒマス

19 問　證人ハ是迄陳述ノ直接行動ノ意味如何

答　或ハ戦争ヲ起シ或ハ暴力ヲ以テ何カ行動ヲ為シテ主義ノ目的ヲ達スル様ニ働クノヲ云フ者ダト解シテ居リマシタ夫ヲ直接行動ト云フコトト解シマシタ

20 問　其后新村ニ面會シタリヤ又話ノ模様如何

答　大石方ニ行キ新村ニ時々面会シマシタガ仝人ハ過激ナ意見ニテ一刻モ早ク直接行動ヲ取ラネバナラヌト申シテ居リマシタ私ハ以前大石ノ相談ニ対シテモ実行ノ衝ニハ当ラヌト申シタ位デスカラ其新村ノ噺ニ対シテモ聞イテ居ツタダケデス其后懇意ニナルニ従ヒ新村ハ天皇ニ対スルコトヲ申シ出シ天皇ハ有難キモノデナイノニ人民ガ尊敬シテ居ルカラ皇室ヲ打破リ人民ノ迷ヲ醒サネバ行カヌト申シマシタ此ノ話ハ尓来面會スル際度々聞キマシタ

或時仝人ガ私方ヘ遊ニ来マシタ時ニ仝人ハ直接行動ヲ早ク取ラネバナラヌト話シ又其序ニ仝人ハ睦仁君ヲ如何ニシテモ暗殺シテ仕舞ハネバナラヌト申シマスカラ私ハ何故睦仁君ト言ウカト問ヒマシタラ仝人ハ夫レハ日本人ニシテ米国ニ居ル同主義者ガ米国新聞ニ「睦仁君足下」ト言フ公開状ヲ出シタルコトアルカラ吾々同志ノ者ガ曰フノデアルトノコトデシタ其時新村ハ近日成石ガ大石方ヘ来ルコトニナツテ居ルカラ来レバ共ニ相談スルコトガ出来テ嬉シイト申シテ立去リマシタ果シテ間モナク成石ガ大石方ヘ来り新村ト共ニ滞在シテ居リマシタ

21 問　其新村ノ話ノ際如何ニシテ如何ナル時機ニ暗殺スルト申シ居タリヤ

答　聞キマセナンダ

22 問　成石来リタル后ノ話如何

答　成石ハ大石方ニ参リ私ハ時々遊ニ参リ面會シ主義ノ話ヲ致シマシタ

23 問　同人モ新村ト同シコトヲ申シ居リシヤ

答　最初ノ間成石ハ皇室ヲ尊敬スルノハ人民ノ迷信デカラ其迷信ヲ打破セネバナラヌ打破ルノハ主義ノ最モ必要ノ處ダト申シテ居リマシタガ後新村カラ話ヲ受ケテ感化セラレタモノカ又ハ以前私ニ詳シタ申サナンダ訳カ知リマセンガ成石ハ天皇ノコトヲ親爺ト言ヒ居リ稀ニハ睦仁トモ云フ位デシタ而シテ成石ハ「オヤジ」ヲ遣ツケル積リダ而シテ人民ノ迷ヲ覚醒セネバナラヌト言ヒ出シマシテ其話ハ成石ガ新村ト共ニ大石方ニ滞在中二度程モ聞キマシタ又其頃大石ノ表二階ニテ私ト崎久保成石ノ三人ノ處ニテ成石ハ矢張り天皇ヲ暗殺スルコトノ話ヲ出シマシタカラ私ハ念佛ヲ申シ其事ハ俺ノ宗教上ヨリ理屈ニ合ヌト申シマシタラ成石ハ乃公ガ睦仁ヲ遣ツケル決心ヲシテ居ルノヲ左様ナ抹香臭キコトヲ言フナラバ帰レト言ヒマシタラ大石モ其場ニ居リ左様ナコトヲ言フナ帰レ杯ト言フコトハナイト仲裁口ヲ出サレタコトガアリマス

24 問　新村成石両人ヨリ天皇暗殺ノ話ヲ聞キタリト言フ時大石、崎久保、峯尾ハ始終居合セタリヤ

答　左様テハアリマセヌ集ツテ相談シタト曰フ訳デハナシ私カ成石ナリ新村ニ面談ノシタ時話ヲ聞イタノデスカラ成石ヨリ聞イタ時ニ新村ガ居リシヤ又新村ヨリ聞キシ時ニ成石ガ居リシヤ慥ニ記憶ガアリマセン様ナ始末デシテ大石ガ話ノ際居リマシタト記憶スルノハ前陳仲裁ヲシテ呉レタ時一度デアリマス其外話ヲ聞クトキ居ツタカモ知レマセンガ記憶ガアリマセン尚崎久保峯尾両人ノコトモ同様デアリマス

25 問　然ハ其頃爆烈弾製造又ハ手ニ入レル話或ハ使用スル時期等ノ話ハ如何

答　時期等ノ話ハ一度モ聞キマセンガ製造ノ話ハ聞イタコトガアリマス

26 問　何時何処ニテ如何ナル話カ

答　其頃大石ノ裏ノ下座敷ニ大石、私、成石、新村、峯尾ノ居ル處ニテ成石ガ大石ニ爆裂弾ノ製造ガ判ラヌガ如何ニスルノカト問ヒマシタコトガアリマス大石ハ研究ス

レバ判ルト申シテ居リマシタ
27 問 其時天皇暗殺其他爆裂弾ヲ使用スベキ場合ノ請出タルニ相違ナシト思フ如何
答 出マセナンダ
28 問 其話出ザルニ製造方ヲ聞ク筈ナシ如何
答 仰ハ御尤デスガ話ハ出マセンデシタ
29 問 其際ハ集合シタルモノナリヤ
答 左様デハアリマセン
30 問 時間ハ如何
答 日中ト云フコトハ記憶ガアリマスガ時間ハ午后三時頃ト思ヒマス
31 問 其際飲酒ハ如何
答 致シマセナンダ
32 問 製造ノ話ハ結局如何ナリシヤ
答 其后ノコトデ矢張り成石ガ新村ト共ニ大石方ニ居ルトキノコトデアルト思ヒマス私ト成石両人外ニ新村ナリシヤ崎久保ナリシヤ又ハ峯尾ナリシヤ一人居リ即三人ノ席ニテ成石ハ爆裂弾ハ何時デモ出来ル様ニナツタト申シテ居リマシタ此ノ時ハ新村ノ立去ツタ後デス
33 問 如何ニシテ何処ニテ出来ルト云フ話カ
答 夫ハ聞キマセン
34 問 何人ガ製造スルトノ話カ
答 夫モ聞キマセン
35 問 然ハ新村ガ何カ薬品ヲ送リタルコトハ承知セルカ
答 何薬カハ知リマセンガ新村ガ幸徳ヘ宛テ送ツタコトヲ承知シテ居リマス
36 問 其始末如何
答 或日正午頃新村ガ私方ヘ立寄り今薬ヲ幸徳先生ヘ小包ニテ送ツテ来タトノ話デシタ夫デ承知シマシタ
37 問 箱入レナラズヤ
答 紙袋ニ入レ新聞ニ包ミ送ツタトノコトデシタ
38 問 目方等ハ如何
答 二三百目モアルト申シテ居リマシタ仍テ私ハ左様ニ沢山送ツテハ悪クナラヌカト問ヒマシタラ仝人ハ先方デ調合スルノダカラ悪クハナラヌト申シ居リマシタ
39 問 信州ニ居ル人ニ宛テ発送シタルニアラズヤ
答 知リマセン
40 問 其后ハ如何
答 新村ガ立去り其代リニ崎久保ガ参リ仝人トモ時々面会シマシタガ仝人ハ軟派ノ方テアリマシテ別ニ変ツタ話ハ出マセナンダ

右讀聞ケタル處承認セリ

証人高木顕明 印

前仝日同廳ニ於テ

和歌山地方裁判所

裁判所書記 田島清雄 印

豫審判事 浅見峰次郎 印

但出張先ニ係リ廳印押捺セス

證人高木顕明第二回訊問調書

明治四十三年七月八日和歌山地方裁判所田辺支部ニ於テ成石平四郎爆発物取締罰則被告事件ニ付豫審判事ノ訊問証人高木顕明ノ答述左ノ如シ

1 問 証人ノ政府ニ対スル意見如何
答 無政府社會主義テアリマシテ皇室ハ勿論官員等凡テ存在ヲ認メナイノテス「但阿弥陀アルノミ」

2 問 然ハ天皇及政治機関ニ対スル希望ハ如何
答 存在ヲ認メヌノテスカラ消滅センコトヲ希望ス

3 問 然ハ其手数方法如何
答 私ハ無政府主義ノ伝導ニ因リ多数ノ主義者ヲ作リ以テ自然消滅セシムル積リテ居リマシタ

4 問 自然消滅セサルトキハ如何
答 自然消滅ハ出来ル筈テス

5 問 凛トシテ主権者タル天皇アリ政治機関完備シ居ル故自然消滅ハ如何ニシテ出来ルヤ
答 実ハ私ノ一代ヤソコラテ出来ル筈ハアリマセン

6 問 天皇及政治機関ノ存在ヲ非認スル主義ヲ奉スル上ハ左様ナ「ノン気」ナコトヲ思ヒ居ル筈ナシ
答 夫テモ左様テス

7 問 証人ハ前回四十年六月赤旗事件後十月頃幸徳来リ伝導教育ノ時ニアラス直接行動ノ時機ナリトノ話ヲ聞キ感動シ熱度ヲ高メタリト云ヒシハ如何
答 夫ハ左様テシタ

8 問 左スレハ此時分ヨリ直接行動ヲ以テ天皇及政治ノ諸機関ヲ消滅セシメント志シ居リタルヤ
答 志シテ居リマシタ併シ其時直ニ私ハ直接行動ヲ取ル決心ナク只直接行動ヲ伝導スルノ要ヲ認メタリ

9 問 先刻ハ伝導教育ニテ自然消滅ト云ヒシハ如何
答 自然ト云フノハ御取消ヲ願ヒマス実ハ直接行動テナケレハ革命ガ出来マセヌカラ直接行動ノ起ル様ニ伝導教育ヲスルノテス

10 問 其比以後同一ノ決心アリテ直ニ其ノ衝ニ当ラント約シ又ハ話等ナセシ人等ハ如何
答 約束ヲ為シ又話ヲナシタル人モアリマセヌガ話スヘキ價値アルモノハ第一石橋恒三第二玉置等アルノミ其他ニモ主義者ハ澤山アリマスガ勇気ナク寧ロ我等ノ目ヨリ見レハ無政府共産主義ノ社會主義者トハ云フヲ得サル位テアリマス

11 問 四十一年十二月大石方會合ノトキ証人ハ前回ノ欠行（原本通リ）
答 前回申立テタ積リテスカ豫テ希望ノコト故賛成シテ居リマシタ

12 問 崎久保ハ如何
答 同人モ賛同シテ居リマシタ尤モ其内テ同人カ一番意思カ弱イ様テシタ

13 問 其時証人ハ決死ノ覚悟ヲ以テ賛同セシヤ
答 夫迄テモアリマセンカ大石ノ相俗ニハ赤誠ヲ以テ賛同シマシタ

14 問　共ニ直接行動ヲ実行スル積リナラスヤ
答　其点ハ前回申立タ通リテ私ハ去来ト云フ場合ニ乗込ンテ爆弾ヲ投ケル杯ノコトハ出来マセヌカラ相談ノ時大石ニ対シ其事ヲ話シ以テ傳導教育ヲ為シテ決死ノ者ヲ募ル方ニ尽力スルト答ヘ置キマシタ
15 問　崎久保ハ如何
答　同人ハ身体弱シ膽力ナシ矢張リ直接行動ノ実行ニ加ハリテ働クコトハ出来ヌカラ其代リ所有ノ財産ハ資本金ニ入レル其上ニ新聞事業テモ處リ同志ノ者ヲ募ルト云ヒ居リマシタ
16 問　夫ニ要スル準備仮之爆弾製造決死ノ者募集等ノ手続如何
答　製造ノ話ナトハアリマセヌ又私ハ自分ノ寺ニテ檀徒ニ対シ説教ノ内間ヘ交ヘテ伝導シテ居リマシタガ到底決死ノ者ハアリマセヌ尚又前陳革命ノ直接行動ノ衝ニ当レナトト勧誘シタコトモナシ犠牲ハ人ノ強フヘカラステアリマス
17 問　其犠牲ノ語ハ彼ノパンノ略取中ノ語ナラスヤ
答　何テ見タカ覚ナシ
18 問　如何ナル本ヨリ見タリヤ又自作ナリヤ
答　社會主義ノ本カラ見テ信仰シテ居ル語テス
19 問　然ルニ大石方相談後証人ハ檀徒ノ中ヨリ決死ノ者ヲ募ルコトヲ大石成石等ニ話シタル事如何
答　左様ノコトヲ話シタコトアリマセン
20 問　成石ヨリ同人ノ手下ニ二人ノ決死ノ者アリト云フコトヲ聞キタルコトアルナラン如何
答　人数ヤ氏名ハ聞キマセンガ其事ハ聞キマシタ
21 問　成石ヨリ博徒ヲ買収シテ決死ノ者ニ充ツルトノ話ハ
答　大石方ノ相談ヨリ去年ノ三月頃マテテシタ買収トハ聞キマセヌカ博徒ト交際ヲ結ンテアルカラ決死ノ者カ出来ルト云フコトヲ大石ノ書斎デ成石ヨリ聞キシコトアリマス
22 問　爆弾製造研究ノコトハ承知カ
答　不知
23 問　然トモ証人前回ノ陳述ナル大石ノ裏座敷ニテ成石カ爆弾製造ノコトヲ大石ト相談シタリト云フハ即チ成石ノ兄カ大石ト其語ヲ為シタルコトナラン如何
答　成程承レハ知ラヌ人カ居ツタトハ思ヒマスカ誰レデアツタカモ知ラヌ又私ガ参リタルトキ左様ナ話ナシ単ニ成石ト大石ト前回陳述ノ話ヲ為セシノミ
24 問　証人モ製造ノ話ヲ聞キタルニ相違ナシ如何
答　覚アリマセン
25 問　成石ヨリ其兄ヲシテ製造研究セシメ居ルトノコトヲ聞キタルナラン
答　覚ナシ
26 問　大石方ニテ相談後崎久保峯尾ト直接行動ノ話ヲ為シタリヤ
答　峯尾ニハ大石方ニ於テ其後度々面会シテ居リマスカ同人ハ矢張リ堅固ノ意思ヲ以テ居リマシタ尤改メテ何時ニ行動スルト云フ様ナコトハ聞キタル覚ナシ崎久保ハ相談後江州ニ行滋賀日報ニ入リ到着時手紙ニテ着ノ時手紙ニ

テ着ノ報知来リシモ後手紙来ラス

27 問　江州ニテ崎久保ハ同志募集ノ尽力ヲ為シタルヤ

答　手紙カ来ラサルニヨリ判ラス

28 問　後四十二年中新村カ大石方ヲ立去リタル後崎久保カ大石方ヘ面会シタトキ江州ニ於ル様子ヲ聞カサルヤ

答　大石方ニテ同人ハ江州ハ人民カ幼稚テ到底駄目テ話ス価値カナカリシト云ヒ居リマシタ

29 問　多少話シテ見タル様ナリシヤ

答　話ス人ガ無イト云フ様テシタガ果シテ話セシヤ否知ラスト絶江州ニ行キ京都ノ歯医者山路二郎及徳見夜月等ヲ訪ネテ見タガ両人共社會主義其者ヲ絶体ニ恐ロシカリ到底話ガ出来サリシト申シテ居リマシタ

30 問　何時実行スルトノ約束ナルヤ

答　夫ハ定リ居ラス其事ハ前回ニ申ス通リテス

31 問　何人カ時期ヲ指定シ又ハ指定スヘキモノナリヤ其辺如何

答　私ハ何レ大石ヨリ沙汰アルカ又ハ通知シテ呉レルモノト信シテ居リマシタ

32 問　新村ニ電氣ノ事ヲ聞タルコトアリヤ

答　私カ前陳「バクレッ」弾ノ話ヲナセルトキ新村ハ東京ノ方テハ「バクレッ」弾ノ外ニ電機会社ニ同志ノ者カアルカラ夫レト打合セテ一時ニ多量ノ電氣ヲ送レバ一時ニ火事ニナルト云フテ居リマシタノハ前回ノ通リテス

33 問　大石方ニテ成石カ「バクダン」ノ話ヲ為シタリトセバ証人モ座ヲススメテ聞クヘキ筈ナリ如何

答　聞コート思フタガ大石ハ調ヘ置テヤルトノ返事ヲシタカラ進ンテ聞キマセナンタ

34 問　然ハ其後其成行ヲ聞カサル筈ナシ

答　大石成石ニハ尋ネタルコトナケレトモ新村ニハ新村カ大石方ヘ来テヨリ新村ニ「バクレッ」弾製造出来ルコトニナツタカト問ヒタルニ新村ハ君等カ聞カストモ宜シヒトノ返事テシタ其時私ハ金剛砂ニ交セテハ出来ヌカト云ヒタルニ夫ハソンナ物テ出来ヌト申シマシタ

35 問　其他新村ニ話シタルコトハ

答　私ハ卵ノ殻ノ中ヘ入レルト「バクハツ」スルト云フヲ承知シ居ルモ話セシ覚ナシ

36 問　証人ハ製造ノコトヲ相談シ居リシハ大石成石ナリト云フニ新村ニ聞キナカラ本人タル成石等ニ聞カサル如何

答　新村ニ聞ケハ成石ニ聞クモ同様タト思フタカラテス

37 問　夫ハ何故カ

答　同居シ居ルカラテス

38 問　同居シ居ルトモ人ノ考ハ別ナルニアラスヤ

答　私ハ成石新村相談ノ上テアッテ成石カ大石ニ聞キタルモノト信シテ居ツタカラテス

39 問　製造ノ場所等ハ

答　何処トモ聞カス只新村ハ漠然ト製造研究中ト申シマシタ

40 問　証人ハ東京ノ同志ニ於テモ製造研究中ナリトノコトハ聞カサル筈ナシ

答　聞キマセン尤モ新村ノ話ハ東京ノ幸徳等ガ製造研究

中ダト思ハレマシタ

41 問　東京ノ製造研究ハ大石系ノ証人等ノ直接行動ノ相談ニハ干係ナキヤ

答　無論関係カアルノミナラス同一ノ目的ノ為ニ共同ニテ行動スルノテスカラ何レ去来ト云フ実行ノ場合ニハ幸徳大石等相談ノ上ニテ大石ヨリ我々ヘ通知シテ呉レルモノニテ東京テ製造シマシテモ当地ノ方テ製造シマシテモ同一テアリマス尤モ私ハ当地ヲ製造スルト云フコトハ聞ケ居リタルコトハ前申ス通リテス

42 問　使用爆裂弾ハ導火ニテヨロシキカ又擲弾ナリヤ

答　夫ハ同志ヨリ改メテ聞タコトハアリマセヌカ擲弾テナケレハナラヌト云フコトハ以前ヨリ承知シテ居リマス

43 問　其他前回ノ陳述ニ付申立ツルコトナキヤ

答　アリマセン

右讀聞ケタル処承認セリ

証人高木顕明　印

前仝日仝庁ニ於テ

和歌山地方裁判所

裁判所書記　田島清雄　印

豫審判事　浅見峰次郎　印

但出張先ニ係リ廳印押捺セス

（『大逆事件訴訟記録・証拠物写　第八巻』近代日本史料研究会）

聴取書

高木顕明

右ノ者本官ニ対シテ左ノ通リ申立タリ

一　沖野岩三郎ハ牧師デ社會主義者デ権力ノ存在ヲ好マサル者デスガ昨年一二月頃大石方ニテ大石ガ幸徳ニ面會シタル結果ヲ報告シタル後矢張昨四十二年中ノ事ト思ヒマスガ私ガ無政府主義実行ヲ沖野ニ話タルニ仝人ハ私ニ対シ高木サン君ハ無政府黨ニ入リタル事ハ現ニ君モ云ヒ人モ云フガ其様ノ事ヲ為セハ最終ニハ大ナル税金（刑罰ノ事ヲ意味スト陳述ス）ヲ拂ハネバナラヌト忠告シタル事ガ有リマス私ノ考ニテハ私ガ特種部落ニテ決死ノ士ヲ募ルト云フ風説ヲ成石カ大石カラ聞知シテ左様ノ忠告ヲシタルモノデ無イカト思ヒマス左様ノ次第故仝人ガ暴力ノ実行ニ加担シタル事ハ聞キマセヌ

一　大石ハ月ニ一、二度位私宅ヲ訪問致シ沖野方ヘモ私方ヲ訪問スル度数位ハ訪問シテ居リマシタ又私ハ大石宅ヘハ殆ンド毎日位参リマシタガ沖野モ同様デアリマシタ

一　沖野ノ交際シテ居ル人物ハ大石ノ外崎久保位デアリマス成石ハ常ニ沖野ヲ軽蔑シテ居リマシタ新村モ仝様沖野ヲ軽蔑シテ居リマシタ

一　天野日出吉ハ流水ト号シ牟婁新報ノ通信ヲ為シ又紀南新聞ノ通信等ヲ致シ居リシガ社會主義者デハ無イト思ヒマス仝

人ハ餘リ大石方ヲ訪問致シマセヌ何時デアリマシタカ記憶セザルモ大石ハ天野ニ対シ君ハ新聞ノ種取リ斗《ママ》リ致シ居ル故今少シ書物ヲ読マネハナラヌト叱リタル事アリマシタ小倉米彦ハ基督教信者ニテ新宮ノ材木商上松新十郎方ノ番頭ヲ為シ居ル堅キ商法家テ社會主義者デハアリマセヌ昨四十二年冬新宮中学校生徒ノ同盟休校ノ□父兄大會の際選挙セラレテ議長トナリタル事ガアリマシテ大石ノ行動ト一致シタル様ニ見ヘタルモ仝人ハ決シテ社界《ママ》主義者デハアリマセヌ

一　成江秀次ハ醍庵ト号シ書籍商デアリマス日露戦争ノ際非戦論ヲ称ヘタル様ニ思フモ仝人ハ社會主義デハアリマセヌ仝人ハ社會主義者ノ會合談話抔ニ一度モ出席シタル事ナシ

一　峰尾《ママ》慶吉ハ大ノ放蕩者デアリマスガ仝人ハ社会《ママ》主義ノ書物ヲ一冊モ見タル事ナク又社會主義者デハアリマセヌ壮士俳優ヲ致シ居リシ事ガアリマス仝人ハ元熊野実業新聞ノ探訪員トナリタル事ガアリマスガ明治四十年頃探訪員ヲ罷メラレテ坊主ノ修行ニ行クト称シ大石方ニ来リ金三円ヲ借リタルガ其金モ返シモセズ坊主ノ修行モセズ返テ壮士俳優トナリ帰郷シタル位ノ人物デ大石モ怒リ仝人モ大石方ヲ訪ネハ致シマセヌ仝人ガ以前ニ熊野実業新聞ヲ解雇サレタルハ全ク放蕩ノ為デアリマシタ

一　石橋恒三ハ落笛ト号シ社会《ママ》主義者デアルヤ否ヤ疑問位ノ人物デアリマス仝人ハ社会《ママ》主義ノ書物ヲ読ミタル事トハ想像シマスカ「トテモ」遊説スルトカ云フ運動スルトカ云フ程ノ程度ノ者デハナク傲優ナル云分カハ知ラザルモ「トテモ」成石崎久保峰尾ナリ私等トハ此主義ニ於テハ遥カニ下ノ人間デアリマス仝人ハ肺病患者デアリマシテ常ニ大石ニ診察ヲ受ケ居リマシタ我熊野地方ニ於テ熱心ナル社会主義者ハ首領ガ大石デ其次ガ成石、崎久保峰尾ト私位デアリマス併シ此五人ノ次ニ位スル者ト云ヘハ先ツ石橋恒三ト九重村ノ玉置信吉位デアロート思ヒマス

一　田辺町ノ毛利清雅ト云フ男ハスバクラ者（＊注）デ彼方ニ着キ此方ニ着キ時トシテハ社會主義ノ様ナ議論ヲ唱ルカ思ヘハ又資本家ノ肩ヲ持ツト云フ男デアリマス夫レ故純粋ナル社会主義者デハアリマセヌ大石ガ毛利ノ経営セル牟婁新報ノ支局ヲ新宮町ニ設ケ自宅ニ看板ヲ揚ゲタルモ実ヲ申セバ大石ノ社會主義ニ関スル議論ハ投書シテモ新宮ノ新聞ニハ掲載シテ呉レズ牟婁新報デミルト之ヲ掲載シテ呉レル故大石ハ主義ノ為メ□新聞ヲ利用シ居リタルモノト推測シテ居リマシタ

一　柳翠事日下柳太郎ハ新聞ノ投書ニテ其小説カ何カハ見タルモ私ハ面會シタル事モナク従テ社會主義者ナルヤ否ヤ承知致シマセヌ

一　新宮町ノ安阪国平ハ元近衛ノ上等兵カ軍曹テアリマシタガ仝人ハ資本家側テ社會主義者デハアリマセヌ現ニ私ノ隣家ニ居住シテ居リマスガ社會主義ノ話抔ハ一度モ致シタル事ハ

アリマセヌ

右録取ス

明治四十三年七月九日

於田辺区裁判所

和歌山県地方裁判所検事　細見重壽　印

同　廳　裁判所書記　尾崎房一郎　印

但出張先ニ付所属官署ノ印ヲ用ヒズ

（＊注）怠け者・うそつき。

調書

被告人　高木顯明

右被告人ニ対スル刑法第七十三条ノ罪被告事件ニ付明治四十三年七月十四日東京地方裁判所ニ於テ大審院特別権限ニ属スル被告事件予審掛

判事　潮恒太郎

裁判所書記　中島信一

列席ノ上判事ハ被告人ニ対シ訊問ヲ為スコト左ノ如シ

一　問　氏名ハ

　答　高木顯明

二　問　年齢ハ

　答　四十七歳

三　問　身分ハ

　答　平民

四　問　職業ハ

　答　僧侶

五　問　住所ハ

　答　和歌山県東牟婁郡新宮町馬町浄泉寺

六　問　本籍地ハ

　答　同所

七　問　出生地ハ

　答　愛知県西春日井郡西枇杷島町字二ツ杁

八　問　位記勲章従軍記章年金恩給又ハ公職ヲ有セサルヤ

　答　アリマセヌ

九　問　最近刑罰に処セラレタル事ナキヤ

　答　アリマセヌ

一〇　問　其方ハ浄泉寺ノ住職カ

　答　左様テス

一一　問　浄泉寺ハ真宗大谷派カ

　答　左様テス

十二　問　其方ノ僧侶ノ資格ハ如何

　答　満位テス

一三　問　其方ハ学歴ハ如何

　答　明治十八九年頃名古屋ニ於イテ真家《ママ》教校（現今真宗中学トナル）ヲ卒業シ明治二十年頃海東郡神守村養源寺ノ私塾ニ入リ其後明治三十年浄泉寺ノ住職トナリマシタ

一四　問　其方ハ僧侶ノ家ニ生レタモノカ
答　左様テハアリマセヌ私ハ山田佐吉ト言フ商人ノ三男テス
一五　問　其方ハ社會主義ヲ奉シテ居ルカ
答　左様テス
一六　問　其方カ社會主義ヲ奉スルニ至ツタ経歴ヲ申立ヨ
答　私ハ明治三十七年十月中「余カ社會主義」ト題スル論文様ノモノヲ書ヒテ見マシタカ夫レハ私ノ佛教家トシテノ立場ヨリ立論シタノテ、当時ハ純粋ナル社會主義者テハアリマセヌテシタ明治三十七八年戦役ノ当時幸徳傳次郎堺枯川、内村鑑三等カ非戦論ヲ主張シ万朝報ヨリ分離シマシタ私ハ特ニ内村ノ人格ヲ慕ヒ居リマシタ加之浄泉寺ノ門徒百八十名ノ内百二十名ハ特殊ノ人間ニテ貧シク暮ラシ居リ他ノ寺院ノ檀徒ノ如ク戦時ニ際シ或ハ戦勝祈祷トカ其他戦争ニ関係セル諸々ノ支出ヲモ為シ得ス誠ニ氣ノ毒ニ感シマシタ夫レテ私モ自然非戦論ヲ唱ヘル様ニナリ夫レヨリ社會主義ニ関スル新聞雑誌書籍等ノ購讀ヲ為シ社會主義ノ研究ヲ始メタノテス
一七　問　如何ナル新聞雑誌書籍等ヲ購讀シタカ
答　週刊平民、光、日刊平民等ノ新聞雑誌ヲ購讀シ又大石ヨリ社會主義ニ関スル書籍ヲ借リテ讀ミマシタ
一八　問　大石トハ大石誠之助ノ事カ
答　左様テス
一九　問　大石誠之助ハ無政府共産主義ヲ主張シテ居ルカ
答　左様テス
二〇　問　大石ノ主張スル無政府共産ト言フノハ治者被治者ノ関係ヲ否認スルノカ
答　左様テス
二一　問　夫レテハ大石ハ　君主ヲモ否認スルノカ
答　左様テス人間カ人間ヲ治ムルト云フ事ハ不自然ニテ人間ハ平等ノ関係テナクテハ不可ト常々大石ハ申シテ居ルノテス
二二　問　其後如何シタカ
答　日刊平民新聞カ廃刊トナリ明治四十年中宇都宮黒風（卓爾）、百瀬晋等カ大石方ニ来リ二ヶ月許リ滞在シマシタ其時私ハ時々訪問シマシテ同人等ヨリ社會主義ノ話ヲ聞キマシタ
次テ同年夏頃森近運平カ大石宅ニ来リ数日間滞在シマシタカ私ハ一度大石宅ニ行キ森近ニ面會シマシタ其際森近ハ社會主義ノ為メニ直接行動ヲ採ラネハナラヌ労働者ノ総同盟罷工ヲ起シ政治機関ノ運転ヲ止メ無政府ノ状態トナシ労働者ト資本家トノ資産ノ平等ヲ得テ共産ノ目的ヲ達セネハナラヌ抔ト申シ私ハ主義ニ対スル熱度ヲ大イニ高メマシタ尚其時ハ成石平四郎モ居リ、私ハ其時初メテ成石ニ面會シマシタソノ翌日新宮ノ末廣座ニ於テ演説會カアリマシタカ森近ハ矢張リ同様ナル説ヲ吐ヒテ居リマシタ
其後同年冬頃又森近カ大石宅ニ来タ時モ私ハ森近ヲ訪問シテ同様ノ説ヲ聞キマシタ其際ハ森近ハ大阪ノ平

民新聞カ倒レ岡山ニモ帰リ土佐ニ幸徳傳次郎ヲ訪問シ夫レヨリ大石方ニ来テ数日間滞在シ夫々大阪ニ向ケ出発シタノテスカ私ハ京都ニ行ク序ニ大阪迄森近ト同行シマシタ

　其後明治四十一年夏東京ニ於テ赤旗事件カ起リ社會主義者ノ入監スルモノ多数ニテ幸徳傳次郎ハ土佐ヨリ上京ノ途次大石方ニ立チ寄リ両三日滞在シマシタ其際私ハ一度大石方ニ参ツテ幸徳ニ面會致シマシタ幸徳ハ最早言論ヤ文章ヲ以テ主義ノ傳道ヲ為スヘキ時テハナイ直接行動ヲ為サネハ到底目的ヲ達スルコトハ出来ナイ米国ノ如キモ貧富ノ懸隔カ甚タシイカラ大ニ主義者カ運動シテ居ル露西亜ノ同志スラ米国ニ参ツテ運動シテ居ル様ナ次第テアルト言ヒ其夜ノ浄泉寺ニ於テ幸徳ノ為メニ談話會ヲ開キタルトキモ幸徳ハ矢張リ同様ノ説ヲ主張シテ居リマシタ私ハ幸徳ノ説ヲ聞ヒテ益々社會主義ニ熱心トナリマシタ

二三　問　然ラハ其方モ無政府共産論ヲ主張スル様ニナツタノカ

答　前申立ル如ク私ハ明治三十九年頃ヨリ社會主義ノ新聞雑誌書籍等ヲ讀ミ同年末頃ヨリハ屡々大石誠之助方ニ出入シテ社會主義ノ説明抔聞キ遂ニ大石ノ感化ヲ受ケテ主義者トナツタノテスカ愈々無政府共産ヲ主張スル様ニナツタノハ明治四十一年春頃カラテス

二四　問　然ラハ其方ハ無政府共産ヲ主張シ治者被治者ノ関係殊ニ　君主ヲ否認スルト云フ譯ニナツタノカ

答　左様テス今トナツテ見レハ誠ニ恐縮ノ至リテスカ其当時ハ　君主ヲモ否認スル氣ニナツタノテス

二五　問　明治四十一年十一月頃大石ハ上京シタカ

答　大石カ出京スルトキ途中ニテ會ツテ初メテ其事ヲ聞キマシタ

二六　問　大石ハ何用アツテ上京シタノカ

答　夫レハ存シマセヌテシタカ大石ノ帰郷後同人ヨリ赤旗事件入監者ノ状況ヲ聞キ其他幸徳ト主義ノ運動上ニ付テ話合ツテ来タ事ヲ聞イタカラ夫レ等ノ用向ニテ出京シタノテアロウト思ヒマス

二七　問　大石ハ何時帰郷シタカ

答　月日ハ能ク覚ヘマセヌカ一ヶ月余リ東京ニ居テ帰郷シマシタ

二八　問　其方ハ大石ヨリ招カレテ何カ相談ヲ受ケタコトカアロウ

答　明治四十二年一、二月頃ト思ヒマスカ大石ヨリ招カレタ私及峯尾節堂崎久保誠一成石平四郎四人カ大石宅裏座敷ノ二階ニ集會シ大石ヨリ秘密ノ相談ヲ受ケマシタ

二九　問　其際大石ヨリ如何ナル相談カアツタカ

答　大石ハ我々四人ニ向ヒ先般東京ニ於テ幸徳ト社會主義ノ運動上ニ付キ種々話シテ来タカ幸徳ハ政府ノ迫害甚タシク到底言論ヤ文章ノ力テ主義ノ目的ヲ達スルコトハ出来ナイ直接行動ニ出ネハナラヌト思ヒ且ツ自分ハ病身テアリ到底長ク生命ヲ保ツコトハ出来ナイカ

ラ赤旗事件ニテ入獄セシ同志ノ多数カ出テ来タナラハ決死ノ士二三十人ヲ募リ爆裂弾ヲ製造シ暴力ノ革命ヲ起シテ東京ノ諸官弔廰ヲ打壊シ当路大臣ヲ斃シ尚　皇居ヲ破壊シテ　天子ヲモ斃シ無政府ノ状態トシテ一時タリトモ貧民ヲ救助シタイト云フテ居ルカ如何デアロウカ自分ノ考テハ　皇居ハ警戒カ厳重テアルカラ　天子通行ノ際抔テナクテハ目的ヲ遂クルコトハ出来マイト思フト言ヒマシタ其所ニ集ツタ四人ノ者ハ当時大石ヲ崇拝シテ居タカラ何レモ即座ニ同意シ幸徳ノ計画ニ加ハルコトニナツタノテス而シテ成石テアツタト思ヒマスカ　天子ヲモ通行ノ際遣ツ付ケレハ目的ハ達セラル、テアロウト申シマシタ

三〇 問　夫レテハ大石及其方等四人ハ幸徳ノ計画ニ同意シ幸徳カ事ヲ挙クル際ニハ上京スル積モリテアツタノカ

答　其際其様ナ詳細ノ点マテ相談シタノテハアリマセヌカ無論実行ニ加ハル者ハ上京スル筈テス

三一 問　右五人共実行ニ加ハル譯テハナカツタカ

答　五人ハ総テ実行ニ加ハルノカ如何カハ極ラナイノテスカ兎ニ角五人共幸徳ノ計画ニ同意シタノテス成石峯尾等ハ無論上京シテ実行ニ加ハルテアロウト思ヒマシタカ崎久保ハ小胆テアリ或イハ実行ノ際如何テアロウカ又私ハ身体カ弱ヒカラ実行ニ加ハルコトハ覚束ナイ様ニ思フテ居タノテス

三二 問　夫レテハ崎久保ト其方等ハ何ノ用モ為サヌテハナイカ

答　兄ヨリ相談ニハ與リ賛成シタノテスカラ崎久保ハ自分ノ所有ノ財産ヲ以テ後援シ尚新聞社ニモ入ツテ大ニ傳道シ実行ノ期マテニハ決死ノ士ヲ作ルト申シ居リ私モ僧侶テハ運動上不便テアルカラ按摩ニテモナツテ東京ニ出テ傳道シテ決死ノ士ヲ作ラント思ツテ居タノテス

三三 問　併シ崎久保ニシテモ其方ニシテモ大石ヨリ協議ヲ受ケタ当時ハ無論実行ニ加ワル意思カアツタノテハナイカ

答　無論同意シタノテスカラ実行ニ加ハラレルナラハ加ハリ度ト思フテ居タノテスカ前申セル通リノ事情ニテ果シテ実行ニ加ハリ得ルカ否ヤヲ自分ナカラ疑ツテ居タノテス

三四 問　愈々実行スルトキハ大石カ其方等四人ヲ率ヒテ出京スルト云フノテハナカツタカ

答　其辺ハ能ク判リマセヌ

三五 問　幸徳ハ何時今回ノ計画ヲ実行スルト言フノカ

答　赤旗事件テ入監シタ者ノ多数カ出テ来テカラト言フノテスカラ時期ハ未タ定マリマセヌ

三六 問　明治四十二年四月一日新村忠雄カ大石宅ニ来タテアロウ

答　左様テス

三七 問　忠雄モ無政府共産論者テアルカ

答　左様テス忠雄ハ最モ過激ナル論者テス

三八 問　忠雄ヨリ直接行動ノ事ニ付テ話ヲ聞ヒタ事カアル

カ
答　屡々聞キマシタ同人ハ私宅ニモ参リ又私モ大石方ニ同人ヲ訪問シマシタ

三九
問　如何ナル事ヲ忠雄ヨリ聞ヒタカ
答　忠雄ハ常ニ過激ナル事ヲ申シ幸徳ハ是非直接行動ヲ遣ラネハナラヌト主張シテ居ルカ自分モ之ニ同意シ爆裂弾ヲ造リ東京ノ諸官省ヲ焼払ヒ大臣ヲ暗殺シ　親爺ヲ遣ツ付ケルトカ　天子ヲ遣ツ付ケルトカ言ヒ尚ホ愈々事ヲ挙クル際ニハ電燈會社ニ居ル同志ニ通シテ諸官省並ニ各個人ノ宅ニ多量ノ電氣ヲ送リ東京市内ニ於テ同時ニ大災ヲ起サシムルト申シテ居リマシタ

四〇
問　成石平四郎ヨリモ其様ナル話ヲ聞ヒタテハナイカ
答　昨年夏頃大石宅ニ於テ成石ヨリモ矢張リ忠雄ヨリ聞ヒタ如ク爆裂弾ヲ造リ諸官省ヲ焼キ払ヒ　天子ヲ遣ツ付ケルト言フ様ナ話ヲ聞キマシタ

四一
問　大石ヨリ其後モ同様ナル話ヲ聞キシニアラスヤ
答　大石ハ深謀遠慮アル人ニテ露骨ニハ何事モ申シマセヌカ其後モ度々　天子ノ尊敬スヘキ謂レナキ事之ヲ尊敬スルノハ迷信テアルコト尚ホドウシテモ　親爺ヲ遣ツ付ケネハナラヌト申ス様ナ趣旨ノ話ハ致シテ居リマシタ

四二
問　夫レテハ大石、成石、新村等ハ皆同様ニ暴力ノ革命ヲ起シテ諸官省ヲ焼払ヒ大臣ヲ斃シ尚ホ　至尊ニモ危害ヲ加フル事ヲ主張シテ居ルノカ
答　左様テス

四三
問　其話ハ昨年一、二月頃大石宅ニ招カレテ大石ヨリ相談ヲ受ケタ事柄ト関係シテ居ルノカ
答　無論関係シテ居リマス継續シテ居ル問題テス

四四
問　其方峯尾崎久保等ハ終始大石成石新村等ノ説ニ同意シテ居タノカ
答　終始同意シテオリマシタカ其後成石ハ帰宅シ崎久保ハ昨年十二月頃迄大石宅ニ居リタルモ事情ガアツテ是亦帰宅シ大石ハ私ニ向ツテ新宮ニハ社會主義者カ無クナツタカラ之ヲ解散シタト申シマシタ其位テスカラ其後ハ今回ノ計画ニ付テ何ノ相談モナイノテス

四五
問　夫レテハ今回ノ計画ヲモ中止スルト言フノカ
答　左様テハアリマセヌ新宮ニハ主義者カ大石ト私丈ニナツタノテスカラ先ハ一應解散タト言フ事テアリマシタ夫レテ中央部即チ幸徳ノ方ヨリ何カ通知カアツタナラハ更ニ大石ヨリ私共ニ通知シテ呉レル筈ニナツテ居リマスカ未タ何等ノ通知モアノマセヌ

四六
問　爆裂弾ハ何所ヲ製造スルノカ
答　夫レハ一向聞キマセヌテシタカ新村忠雄ハ自分友人カ爆裂弾ノ製造ヲ研究シテ居ルカラ君等ハ心配セストモヨイト申シマシタ

四七
問　成石勘三郎カ爆裂弾ノ製造ヲ研究シテ居ルト言フ事ヲ聞ヒタ事ハナイカ
答　夫レハ聞キマセヌ

四八
問　成石平四郎カ勘三郎ニ爆裂弾ノ製造ヲ頼ンタノテハナイカ

答　一向ニ存シマセヌカ昨年夏頃私カ大石宅ニ参ツテ居ル際成石平四郎カ大石ニ向ヒ爆裂弾ハ如何ニシテ造ルノカト尋ネタルニ大石ハ爾ンナ事ヲ今聞カイテモヨイ調フレハ直ク判ルト申シマシタ夫レテ私ハ大石ハ既ニ研究シテ居ルモノト感シマシタ

四九　問　其方ハ自分ノ門徒ニ向ツテ社會主義ノ傳道ヲ致シタ事ハナイカ

答　左様ナ事ハアリマセヌ

五〇　問　其方ノ寺ノ門徒ニ特種ノ人間カ居ルト言フノハ如何

答　実ハ私ノ口カラハ申難イノテスカ新平民カ居リマス

五一　問　満位ト言フノハ如何ナル位ニ当ルカ

答　大谷派ニハ僧侶ノ階級カ一二三階級アルノテスカ満位ト言フノハ下ヨリ二番目テス

五二　問　之カ其方カ書ヒタ「余カ社會主義」ノ原稿カ

此時押第一号ノ一九九ヲ示ス

答　左様テス

五三　問　之ハ忠雄ヨリ其方ニ寄越シタ葉書及手紙カ

此時同号ノ二〇一ノ一、二〇一ノ二、二〇一ノ三、二〇〇ノ一ヲ示ス

答　左様テス

五四　問　之ハ百瀬福田ヨリ其方ニ寄越シタ手紙カ

此時同号ノ二〇〇ノ三ヲ示ス

答　左様テス

五五　問　之ハ大石ヨリ其方ニ寄越シタ手紙カ

此時同号ノ二〇〇ノ三ヲ示ス

答　左様テス

五六　問　此書面ハ如何

此時同号ノ一九八ヲ示ス

答　之ハ東京ヨリ無記名ニテ寄越シタモノテス

五七　問　之ハ宇都宮黒風ヨリ其方ニ寄越シタ葉書カ

此時同号ノ二〇一ノ四ヲ示ス

答　左様テス

五八　問　宇都宮ノ葉書ニヨルト同人モ今回ノ事件ニ加ハツテ居ル様テアルカ如何

答　宇都宮ハ常ニ過激ナ事ヲ言フタリ書ヒタリスル男テスカ御示ノ葉書ハ明治四十一年六月中ノモノテ其後赤旗事件テ入獄シ今ドウ言フ思想ヲ持ツテ居ルカモ判ラス従テ今回ノ事件ニ関係アリヤ否ヤモ存シマセヌ

五九　問　成石平四郎ハ、他ニ決死ノ士ヲ募ルト言フ様ナ事ハ申サナカツタカ

答　成石ハ常々博徒ニハ自分ノ乾児カ二十人モ居リ又熊野川ノ船頭ニモ七十人位ハ知ツテ居ルモノカアルカラ其内ヨリ決死ノ士ヲ募ルニ付私ニモ門徒ヨリ決死ノ士ヲ募レト言ヒマシタカ私ハ大事ナ門徒カ難儀ヲスル事ニナルカモ知レヌカラ夫ニ應シナカツタノテス成石モ亦博徒ヤ船頭ヨリ決死ノ士ヲ募ツタ模様ハナイノテス

被告人　高木顕明

右讀聞ケタルニ相違ナキ旨申立署名シタルモ印形ヲ所持セサルニ付捺印セシメス

裁判所書記　中島信一
豫審判事　　潮　恒太郎

第二回調書

被告人　高木顕明

右被告人ニ対スル刑法第七十三条ノ罪被告事件ニ付明治四十三年七月二十三日東京地方裁判所ニ於テ大審院特別権限ニ属スル被告事件予審掛

判事　潮恒太郎

裁判所書記　中島信一

列席ノ上判事ハ前回ニ引続キ前記被告人ニ対シ訊問ヲ為スコト左ノ如シ

一　問　明治四十二年一月中、大石宅ニ成石平四郎、峯尾節堂、崎久保誓一等ト呼ハレタ際其方ハ幸徳ノ暴力ノ革命ニ決死ノ士トシテ加ワル事ヲ承諾シタノテアロウ

答　左様テス

二　問　夫レテハ矢張リ其方モ実行ニ加ハル事ヲ承諾シテ居ルノテハナイカ

答　一應ハ実行ニ加ハル事ヲ承諾シマシタ去リナカラ私ハ身体カ弱ヒカラ或ハ実行ニ加ハツテモ何ノ用ニ立タヌカモ知レサルニ付按摩トナツテ充分傳導スルト言フテ置タノテス

三　問　崎久保モ実行ニ加フル事ヲ承諾シタノテアロウ

答　崎久保モ大石ニ向ツテハ一應実行ニ加ハル事ヲ承諾シタノテス併シ大石ガ二階ヨリ下ヘ降リタ後テ私ト崎久保ハ自分等ハ実行ニ加ハツテモ到底遣レマイト話シタノテス

四　問　夫レテハ其方モ崎久保モ一應ハ実行ニ加ハル事ヲ承諾シタルモ愈々実行スルト言フ場合ニ至ツテ果タシテ遣レルカ否カヲ気遣ツテ居タノカ

答　左様テス我々ハ迚モ遣レマイト言ツテ居タノテス

五　問　其方ハ其後浄泉寺ノ門徒ニ対シ説教スル際社會主義ヲ吹込ンタノテハナイカ

答　私ハ資本家ト労働者トノ関係ニ付テ社會主義ノ事ヲ説教中ニ交セタ事ハアリマスガ直接行動ノ事ハ危険テスカラ少シモ申シマセヌ

六　問　門徒ヨリ決死ノ士ヲ募ツタノテハナイカ

答　左様ナ事ハ更ニアリマセヌ

七　問　明治四十二年夏六七月頃成石平四郎カ単独ニテ出京シ　至尊ニ危害ヲ加ヘルト申シテハ居ナカツタカ

答　存ジマセヌ

八　問　明治四十二年七月中大石宅誠之助宅ニ於テ成石勘三郎ト會ツタテアロウ

答　會ヒマシタ
九　問　其時成石勘三郎ハ大石誠之助ヨリ爆裂弾製造ニ要スル薬品ヲ貰フタテハナイカ
答　一向存シマセヌ
一〇　問　成石平四郎ヨリ爆裂弾ハ兄勘三郎カ製造シテ居ルト言フ事ヲ豫テ聞ヒテ居ルテアロウ
答　更ニ聞キマセヌ
一一　問　新村忠雄ハ昨年八月帰京後幸徳ノ暴力ノ革命ノ計画ニ付テ東京又ハ信州ニ於ケル状況ヲ報知シタテハナイカ
答　一向存シマセヌ
一二　問　大石ヨリ其状況ヲ聞ヒタテハナイカ
答　一向聞キマセヌ
一三　問　昨年十二月中成石平四郎ト大石誠之助ハ何カ衝突シタテハナイカ
答　昨年十二月中成石カ帰郷スルト言フノテ新宮道化町料理店伊賀屋テ送別□一杯飲ミマシタ其席ニハ大石、成石、崎久保、私外一両名集マツタノテスガ宴會ハ済ミタル後成石ハ私達ニハ先キニ帰ツテ呉レヨト言フニ付大石、成石、崎久保丈ハ残シテ他ノ者ハ皆帰リマシタ其後テ何カ金銭問題ニ付テ大石ト成石ト衝突シタ趣テス
一四　問　其衝突ノ結果成石《ママ》ハ社會主義ヲ廃メタノテハナイカ
答　本年一、二月頃南海評論発刊会式ノアツタ際成石ハ社會主義ヲを廃メタト言フ演説ヲ致シマシタ趣テス私ハ傍聴ハ致シマセヌテシタガ世間テ左様ナ噂カアリマシタ
一五　問　峯尾節堂モ社會主義ヲ廃メタノカ
答　夫レハ存シマセヌガ峯尾ハ昨年中咽喉ノ療治ヲスルニ付テ大石ヘ金ヲ借リニ行ツタ処大石モ拒絶シタ為メ爾来出入リシナイ趣テス
一六　問　崎久保ハ如何
答　主義ヲ廃メタノテハアリマスマイガ熊野新聞社ニ居ルカラ主義を唱ヘル事カ出来ナイテシヨウ熊野新聞社ノ社主宮本守仲ハ国家社會主義ノ人テスカラ無政府共産杯ヲ主張スル事ヲ許サナイノテス
一七　問　其方ハ既ニ後住ヲ定メタテハナイカ
答　浄泉寺ノ門徒ハ貧困ノ者カ多ク困リマシタカラ伊藤専唱《ママ》ナル者ヲ私ノ養子ニ貰ヒ後住ニセントシマシタガ伊藤ハ月収六十円位ナクテハ住職ニハナラヌトカ其他暴慢ナ事ヲ言フ為私ノ家族及門徒等トノ折合モ宜敷ナイカラ其計画ヲ止メマシタ夫レハ昨年十月ノ事テス
一八　問　其方カ社會主義ノ按摩傳道ヲ遣ル為メ後住ヲ定メントシタノテハナイカ
答　左様テハアリマセヌ

被告人　高木顕明

右讀聞ケタルニ相違ナキ旨申立署名シタルモ印形ヲ所持セサルニ捺印セシメス

裁判所書記　中島信一
予審判事　潮恒太郎

第三回調書

被告人高木顕明

右被告人ニ対スル刑法第七十三条ノ罪被告事件ニ付明治四十三年十月二十二日東京地方裁判所ニ於テ大審院特別権限ニ属スル被告事件

豫審掛判事潮恒太郎
裁判所書記中島信一

列席ノ上判事ハ前回ニ引続キ前記被告人ニ対シ訊問ヲ為スコト左ノ如シ

一　問　其方カ無政府共産主義ヲ奉スル事ニナッタノハ何時カ

答　以前ヨリ無政府主義ノ説ハ聞ヒテ居リマシタガ私カ無政府党員トナッタノハ明治四十二年一月中大石宅ニ呼ハレテ暴力革命説ヲ聞ヒタ時カラテス

二　問　無政府主義ノ説ハ貧富ノ懸隔及社会上ノ階級ヲ除キ治者被治者ノ関係殊ニ　皇室ヲモ否認スルト言フノカ

答　左様テアリマス併シ私ハ主トシテ共産制度ニ賛成シテ居ルノテス

三　問　幸徳大石森近等ヨリ暴力革命説ヲ聞ヒタ事カアルカ

答　森近ハ明治四十年九月ニ新宮ニ来タ時直接行動ヲ採リ労働者ノ総同盟罷工ヲ起シ政治機関ノ運転ヲ止メ無政府ノ状態ニ為サ子ハナラヌト言ヒ次ニ明治四十一年六月ニ来タ時モ矢張リ同様ノ説ヲ主張シテ居リマシタ幸徳ハ明治四十一年七月赤旗事件ノ善後処分ノ為上京スル途中新宮ニ立寄リ政府ノ迫害力甚シタ筆ヤ口テハ駄目タカラ反抗的態度ヲ採ラ子ハナラヌト言フ様ナ話ヲ致シタト思ヒマス尚ホ其時米国ノ社會主義者ノ話ヲシマシタ大石モ幸徳同様ノ話ヲ致シテ居リマシタ

四　問　明治四十二年一月中大石ニ呼ハレテ峯尾節堂成石平四郎崎久保誓一等ト共ニ大石宅ニ集マツタカ

答　左様テス

五　問　其際大石ヨリ如何ナル相談カアツタカ

答　大石ハ上京ノ際幸徳ト話シタカ幸徳ハ政府ノ迫害力甚タシタ到底言論ヤ文章ノ力テ主義ノ目的ヲ達スル事ハ出来ナイ直接行動ニヨラ子ハナラヌ自分ハ病身ニテ余命モ長クナイカラ赤旗事件ノ入獄者カ多数出獄セハ決死ノ士二三十人ヲ募リ爆裂弾ヲ製造シ暴力革命ヲ起シ東京ノ諸官庁ヲ打壊シ当路ノ大臣ヲ斃シ一時タリトモ無政府ノ状態ニ致シ貧民ヲ救助シタイト思フト言ヒシカ如何テアロウカト申シマシタ列席ノ者ハ大石ヲ崇拝シテ居タノテアルカラ一同之ニ同意シタノテス

六　問　大石ハ　皇室ヲ破壊シテ　至尊ニ危害ヲ加ヘルト

ハ言ハナカッタカ

七　答　左様ナ事ハ間キマセヌ

問　其方ハ本年七月十四日第一回訊問ノ時大石ヨリ　皇室ニ関スル事ヲ聞ヒタ様ニ申立タテハナイカ

八　答　私ハ其様ナ事ハ大石カラハ聞カナイ様ニ思ヒマス

問　其際成石モ　至尊通行ノ際ナラハ目的カ達セラレルト申シタ趣テハナイカ

答　成石カ左様ナ事ヲ申シタノハ昨年十二月大石宅ノ表二階テ雑談ノ際テス

九　問　大石ハ赤旗事件ノ同志カ出獄シタ後ニ事ヲ挙ケルトハ言ハナカツタカ

答　左様ニ申シマシタ堺枯川、山川均、西川光次郎等カ出獄シタ後ト言フ事テシタ

一〇　問　大石ハ其方等ニ向ツテ強テ勧誘シタノテハナイノテハナイカ

答　大石ノ勧誘カ無クテ我々カ同意スル訳ハアリマセヌ勧誘カアツタラハコソ四人カ同時ニ同意シタノテス

一一　問　其後大石及新村忠雄成石平四郎等ヨリ爆裂弾ヲ造ツテ東京ノ諸官庁ヲ焼払ヒ大臣ヲ暗殺シ　至尊ニ危害ヲ加ヘルト言フ話ヲ聞ヒタテハナイカ

答　新村忠雄ハ爆裂弾ハ自分ノ友人カ研究シテ居ルカラ君等ハ心配セストモヨイト申シマシタ併シ夫レヲ用ヒテ何ヲスルト言ツタ様ナ事ハ聞キマセヌカ度々革命ヲ起シテ大臣ヲ遣ツ付ケ子ハナラヌトカ天子ヲ遣ツ付ケ子ハナラヌトカ言フ様ナ事ハ申シテ居リマシタ成石平四郎モ昨年十二月頃ニハ前申立ル様ナ事ヲ申シマシタ大石ハ深謀遠慮ナ人テスカラ左様ナ事ハ言ハナイト思ヒマス

一二　問　併シ其方ハ第一回訊問ノ時忠雄ハ幸徳ノ直接行動ニ同意シ爆裂弾ヲ造リ東京ノ諸官省ヲ焼払ヒ大臣ヲ暗殺シ親爺ヲ遣ツ付ケルトカ　天子ヲ遣ツ付ケルトカ言ヒタリト申立居ルテハナイカ

答　左様ナ事ハ申シマセヌ

一三　問　尚第一回訊問ノ時大石宅ニ於テ成石平四郎ヨリモ同様ナ事ヲ聞ヒタ様ニ申立タテハナイカ

答　ドウモ左様ナ覚ヘハアリマセヌ

一四　問　尚第一回訊問ノ時大石ハ深謀遠慮アル人ニテ露骨ナル事ハ申サヌカ　天子ヲ尊敬スルノハ迷信テアルトカ或ハドウシテモ親爺ヲ遣ツ付ケ子ハナラヌトカ言ツタト申立タテハナイカ

答　左様ナ覚ハアリマセヌ

一五　問　新宮ニ於ケル無政府共産主義者ハ只今テハ大石ト其方丈ケカ

答　私共ハ本年一月以来ハ何モ主義ノ運動ヲ為ス積リハアリマセヌテシタカ只其主義ヲ奉シテ居タノテス併シ本年六月母ヨリ社會主義杯ヲ奉シテ家宅捜索ヲ受ケタノハ不都合テアルト言フ厳シイ手紙カ来リマシタカラ私ハ断然主義ヲ捨テマシタ今日新宮テ無政府共産主義者ト言フノハ大石一人位ノモノテアロウト思ヒマス

一六　問　右ノ外本年七月十四日（第一回）及同月二十三日

（第二回）当豫審廷ニ於テ申立タ事実ハ相違ナイカ

答　相違アリマセヌ

被告人高木顕明

右讀聞ケタルニ相違ナキ旨申立署名シタルモ印形ヲ所持セサルニ付捺印セシメス

裁判所書記　中島信一

予審判事　潮恒太郎

（『大逆事件訴訟記録・証拠物写　第八巻』近代日本史料研究会）

大逆事件證據物写　四三押第一號一九九

（余ガ社會主義ト題スル論文）

明治三十七年十月四日に此の草稿を成就せり

余が社會主義

○余カ社會主義　遠松

緒言　余カ社會主義とはカールマルクスの社會主義を稟けたのでない　又トルストイの非戦論に服従したのでもない　片山君や古川《ママ》君や秋水君の様に科學的に解釈を與へて天下ニ鼓吹すると云ふ見識もない」けれども余は余丈けの信仰が有りて、實践して行く考へでおるから夫れを書て見たのである　何れ讀者諸君の反対もあり御笑ひを受ける事てあろー。尓し之は余の大イニ決心のある所である。

本論、社會主義とは義論ではないと思ふ　一種の實践法である。或人は社會改良の預言ちゃと云ふて居るが余は其の第一着手ちゃと思ふ　依て我々は及ふ限り實行して行きたいと思ふて居る。現象《ママ》の社會制度をドシ々々改良して社會の組織を根本的ニ一変せねば成らんと考へて居る○又或人ハ社會主義を政治義論として鼓吹して居る　余は社會主義は政治より宗教に関係が深いと考へる　社會の改良は先ツ心霊上ヨリ進みたいと思ふ　依て自分の考へ通り既往の所謂先輩と云ふ社會主義者の系統等を借りず余カ信仰と實践の一端とを御咄し致す考へて有る○余は社會主義を二段ニ分類して御話し致し升。第一を信仰の対象と云ひ第二を信仰の内容と云ふ　其の第一の信仰の対象と云ふ内を更ニ三段に分類致し升　云ク一ツニ教義二ツ、人師、三ツニ社會、次ニ第二ノ信仰の内容も又更ニ二段ニ分類致し升。云ク一ツニ思想回転、二ツニ實践行為である○此処で第一の信仰の対象たる其の一ツの教義と云ふは何事を云ふ歟と云へば、即チ南無阿弥陀佛であり升。此の南無阿弥陀佛は天笠《ママ》の言で有りて真ニ御佛の救済の声である　闇夜の光明である。絶対的平等の保護である。智者にも學者にも官吏ニも富豪にも安慰を與へつゝあるが　弥陀の目的は主として平民である。愚夫愚婦に幸福と安慰とを與へたる偉大の呼び声である。

○日本の語で云ふて見るなら阿弥陀佛と云ふ過境の普善者が救ふから安心せよ護るから心配するなと呼で呉れたる呼び声である。嗚呼我等ニ力と命とを與へたるは南《ママ》——佛である。

○實に絶対過境の慈悲である御佛の博愛である。此を人殺のかけ声ニしたと聞て喜んで居る人々は唯だあきれるより外ハない。斯ふして見ると、我国には宗教と云ふ事も南——佛と云ふ事も御訳りニ成た人か少なひと見へる。

○詮ずる処余ハ南無阿弥陀佛には、平等の救済や平等の幸福や平和や安慰やを意味して居ると思ふ。尓し此の南——佛ニ仇敵を降伏すると云ふ意義の発見せらるゝであろー歟。

○余は南條博士の死るハ極楽ヤッツケロの演説を両三回も聞た。あれは敵害心を奮起したのであろー歟。哀れの感じが起るではないか。

○二ツニ人師（人間の師匠の意）とは余の理想の人である。第一番には釈尊である。彼れの一言一句は或ハ個人主義的義論もあろー。尓し彼れの一生はドーであるか　帝位を捨てゝ沙門と成り、吾れ人の抜苦與楽の為ニ終生三衣一鉢で菩提樹下ニ終る。其の臨末ニ及んで鳥蓄類迄別れを悲しんだとは實ニ零界の偉大なる社會主義者ではないか（併し乍ら自今平民社や直言社やの社會主義者とは同一義論では無かろ）。彼れは少しも人爵の如何に心を置かなんだであろ。其の当時の社會制度の一班を改良したであろ。否ナ百般の事に確に一変を與へて居る。

○天笠《ママ》や支那に其の人を挙げれば沢山ニある。併し今ハ此を略して置く」日本では伝教でも弘法でも法然でも親鸞でも一休でも蓮如でも尤も平民ニ同情厚き人々である。殊ニ余は親鸞が御同朋御同行と云ふたのや、僧都法師の尊さも僕従者の名としたりと云たより考へ来ると、彼れは實ニ平民ニ同情厚き耳ならず、確ニ心零界の平等生活を成したる社會主義者であろーと考へて居る（尓し此とても現今の社會主義者とは義論は違ふであろ）余は此等の点より佛教は平民の母にして貴族の敵なりと云ふたのである。

○三ツに社會である。理想世界である。諸君はドー思ふか。余は極楽を社會主義の實践場裡であると考へて居る。弥陀が三十二相なら今集りの新菩薩も三十二相、弥陀が八十瑞光なら行者も八十瑞光なり。弥陀が百味の飯食なら衆生も百味の飯食なり。弥陀が應報妙服なら行者も應報妙服なりて、眼通で耳通神足通他心通宿命通弥陀と違はん通力を得て、佛心者大慈悲是なりと云ふ心ニ成りて、他方国土へ飛び出して有縁々々の人々を済度するに間隙のない身となる故ニ極楽と云ふ。真ニ極楽土とは社會主義が實行せられてある。

○極楽世界には他方之国土を侵害したと云ふ事も聞かねば、義の為ニ大戦争を起したと云ふ事も一切聞れた事はない。依て余は非開戦論者である　戦争は極楽の分人の成す事で無いと思ふて居る。（しかし社會主義者にも或は開戦論者があるかも知れん）（此は毛利柴庵を意味す）。

○更ニ第一の信仰の内容たる其の一ツの思想の回転ニ付て御咄し致し舛。専門家の方では是を一念帰命とか、行者の能信とかと云て喧しく云ひ舛。

○上来御咄し致し来りた尺尊《ママ》等の人師の教示ニ依て理想世界を欲望シ、救世主たる弥陀の呼び声を聞き付て深く我が識心感しられたら、其の時大安心が得られ大慶喜心が起きて精神は頗る活発に成るのである。

○實に左様であろ　或一派の人物の名誉とか爵位とか勲賞とかの為めに一般の平民が犠牲となる国ニ棲息して居る我々であるもの　或は投機事業を事とする少数の人物の利害の為めに一般の平民が苦しめられねばならん社會であるもの。富豪の為めには貧者は獣類視せられて居るではないか。飢に叫ぶ人もあり貧の為めに操を売る女もあり雨に打るゝ小児もある。富者や官吏は此を翫弄物□視し是を迫害し此を苦役して自ら快として居るではないか。

○外界の刺激が斯の如き敬ニ主観上の機能も相互ニ野心で満ち〳〵て居るのであろ。實に濁世である。苦界である。闇夜である。悪魔の為めに人間の本性を殺薮せられて居るのである。

○尓るニ御佛は我等を護るぞよ救ふぞよ力になるぞよと呼びつゝある。此の光明を見付けた者は真ニ平和と幸福とを得たのである。厭世的の煩悶を去りて楽天的の境界ニ到達したのであろーと考へる。

○さながら思想は一変せざるべからずだ。御佛の成さしめ給ふ事を成し御佛の行ぜしめ給ふ事を行じ御佛の心を以て心とせん「如来の志ろしめむ如く身を持すべしであろ。大決心は此時である。

○二ツニ實践行為。次ぎ上の思想の回転が御佛の博愛ニ深く感じたるものなれば如来の慈悲心を体認せねば（体忍歟耐忍歟此所の耐忍ハ諦認と書くをよしとする歟）ならん。此を實践せねばならん。大勲位侯爵ニ成りたとて七十ヅラして十七や八の妙齢なる丸顔を翫弄物にしては理想の人物とは云はれんであろ。戦争に勝たと云ふても兵士の死傷を顧ざる将軍なれば我々の前には三文の価値もない。華族の屋敷を覗ひたと云ふて小児を殴打した人物等は實に不埒千万ではないか。

○否ナ我々は此の様な大勲位とか将軍とか華族とかと云ふ者に成りたいと云ふ望みはない　此の様な者になるとて働くのではない。唯だ余の大活力と人労働とを以て實行せんとするものは向上進歩である。共同生活である。生産の為めに労働し、得道の為ニ修養するのである。夫れに何ぞや。戦勝を神佛に禱る宗教者があると聞ては嘆せざるを得ぬ。否ナ哀れを催し御機之毒に感じられるのである。

此の闇黒の世界に立ちて救ひの光明と平和と幸福を伝道するは我々の大任務を果すのである。諸君よ願くは我等と共に此の南――――佛を唱へ給ひ。今且らく戦勝を弄び万歳を叫ぶ事を止めよ。何となれば此の南――――佛は平等に救済し給ふ声なればなり。諸君よ願くは我等と共ニ此の南――――佛を唱へて貴族的根性を去りて平民を軽蔑する事を止めよ。何となれば此の南――――佛は平民に同情之声なればなり。諸君願くは我等と共ニ此の南――――佛を唱へて生存競争の念を離れ共同生活の為めに奮励せよ。何となれば此の南――――佛を唱ふる人は極楽の人数なればなり。斯の如くして念佛に意義のあらん限り心零上より進で社會制度を根本的に一変するのが余が確信したる社會主義である。

○終りニ臨で或人が開戦論の証文之様ニ引証して居る親鸞聖人の手紙之文を抜出して、此の書が開戦を意味せる歟、平和の福音なる歟は宣しく讀者諸君の御指揮を仰ぐ事とせん。

○御消息集四丁の右上略　詮じ候処ろ御身に限らず念佛申さん人々は我か御身の料は召思さずとも朝家の御為め国民の為め念佛申し合セ給ひ候はゞ目出度候べし。往生を不定に召思さん人は、先つ我往生を思し召して、御念佛候へし我が御身の往生一定と思召さん人は佛の御恩を思し召さんに御報恩の為に御念佛心に入れて申して世の中安隠なれ佛法弘まれと召思すべしとぞ覚へ候」已上。

○嗚呼疑心闇鬼を生ずである。如上の文は平和の福音なるを人誤てラッパの攻め声と聞きたるか。或は陣鐘陣太鼓の声なるを予が誤りて平和の教示なりと聞きたるか。讀者諸君の御裁決に任すとせん。

○尓し余は幸なりラッパも陣鐘も平和の福音と聞けばなり。多謝〳〵南無阿彌陀佛。

大逆事件記録刊行会『大逆事件記録第二巻　証拠物写』世界文庫　一九六四（昭和三九）年五月三〇日

（参考）真宗大谷派名古屋教区教化センター平和展スタッフ編『第二一回「平和展」弾圧・支配される人びと』二〇一〇（平成二二）年三月一八日

おわりに

一九九六（平成八）年四月一日、真宗大谷派は高木顕明の復権を行いました。住職差免と擯斥の処分を撤回したのです。そして「高木顕明師の顕彰」を広く訴えました。ここから「顕明を学ぶ」、「顕明に学ぶ」ことが真宗大谷派にも広がる可能性が出てきました。二〇〇〇（平成一二）年五月三〇日には『高木顕明の事跡に学ぶ資料集』が発行され、大逆事件百年に当たる今年、『高木顕明―大逆事件に連座した念仏者』が発行されています。私も「平和・平等」を伝えなければならない立場の者として、顕明に取り組んでみました。

取り組みの中、沖野岩三郎の残した小説に大変引き込まれました。事件後も沖野は要注意人物として警察の監視が続いています。そんな状況で大逆事件について書き残しているのです。相当な覚悟をしていたはずです。沖野は「山鼠の如く」の最後にこんなセリフを残しています。「高尾さん！赦してください、あゝ斯うしてゐられない！赦してください、赦してください！」と。一九〇九（明治四二）年一月の大石宅での会合に参加しなかった沖野。たったこれだけのことで逮捕されなかったのです。もちろんこれは沖野の責任ではありません。しかし友人に対し、贖罪のような気持ちを持っていたのでしょう。沖野に最高の敬意を表したいと思います。

本書を書くにあたり、浄泉寺住職山口範之さんには大変お世話になりました。浄泉寺に残る史料の撮影、顕明に関する言い伝え、たくさんのご協力をいただきました。明治大学山泉進先生、「近藤文庫」の近藤千浪さん、白仁政昭さんには、大逆事件裁判史料などを御教示いただき、また史料も提供していただきました。ただ残念なのは、近藤さんが急逝され、この本をお目にかけられなかったことです。また歴史学者柏木隆法先生には、多数の参考文献を御教示いただきました。そして風媒社劉永昇さんにご協力いただき、何とか形にできました。すべての方々に感謝の意を表します。

史料の制約、時代の経過、いろいろ困難がつきまとった作業でした。決して評伝として完成したものだとは思っておりません。まだ未発表史料も存在していることでしょう。多くの方々が顕明と出会うことで、新たな研究が進んでいくものと確信しています。

本書は「たたき台」です。顕明を学ぶため、そして平和と平等を学ぶための材料なのです。この材料が平和と平等の完成に少しでも役立てば、顕明さんも喜んでくれると思っています。

合掌　　釋仁空

■著者紹介
大東　仁（だいとう・さとし）
1965年、愛知県生まれ。1987年、奈良大学文学部史学科卒業。1990年、真宗大谷派にて得度（僧侶となる）。1991年、同朋大学別科（仏教専修）修了。真宗大谷派圓光寺住職、真宗大谷派名古屋教区教化センター研究員。大阪経済法科大学アジア研究所研究員。
【著書】
『お寺の鐘は鳴らなかった—仏教の戦争責任を問う』（1994年 教育史料出版会）、『ハイラル　沈黙の大地』（共著、2004年 風媒社）『戦争は罪悪である—反戦僧侶・竹中彰元の叛骨』（2008年 風媒社）『元来宗教家ハ戦争ニ反対スベキモノデアル—反戦僧侶・植木徹誠の不退不転』（2018年 風媒社）

新装版
大逆の僧　髙木顕明の真実　真宗僧侶と大逆事件

2024年6月30日　第1刷発行　（定価はカバーに表示してあります）

著　者　　大東　仁
発行者　　山口　章

発行所　名古屋市中区大須1丁目16-29
振替 00880-5-5616 電話 052-218-7808
http://www.fubaisha.com/
風媒社

乱丁・落丁本はお取り替えいたします。　＊印刷・製本／モリモト印刷
ISBN978-4-8331-0640-5